Nueva edición

Compañeros

Curso de español

1

Libro del alumno

Francisca Castro Ignacio Rodero Carmen Sardinero

NUEVO Compañeros

Un curso de español dirigido a estudiantes de enseñanza secundaria

El currículo de este curso, elaborado por profesores con gran experiencia en la enseñanza de idiomas a jóvenes estudiantes, sigue las recomendaciones metodológicas y los niveles establecidos por el *Marco común europeo de referencia* (MCER). Está estructurado en unidades que siguen una progresión lógica de presentación y práctica de la lengua.

1 PORTADA

Muestra los contenidos que se van a trabajar en la unidad.

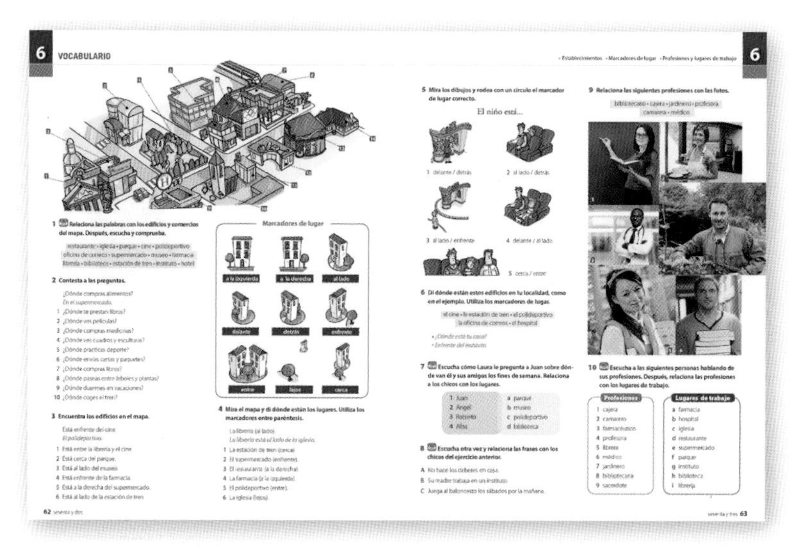

2 VOCABULARIO

Se presenta y trabaja el léxico de la unidad, considerando el importante papel que este juega en los estadios del aprendizaje.

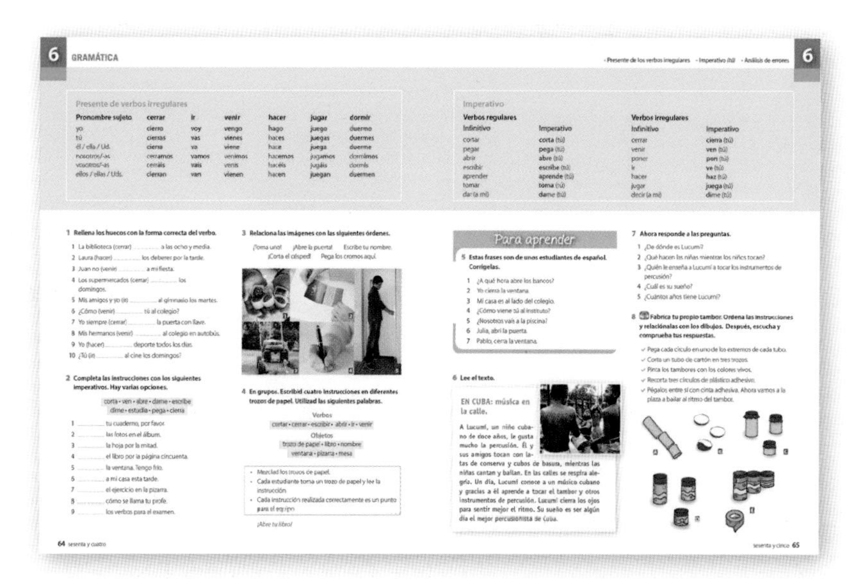

3 GRAMÁTICA

Se presentan y practican nuevas estructuras gramaticales en frases y textos breves.

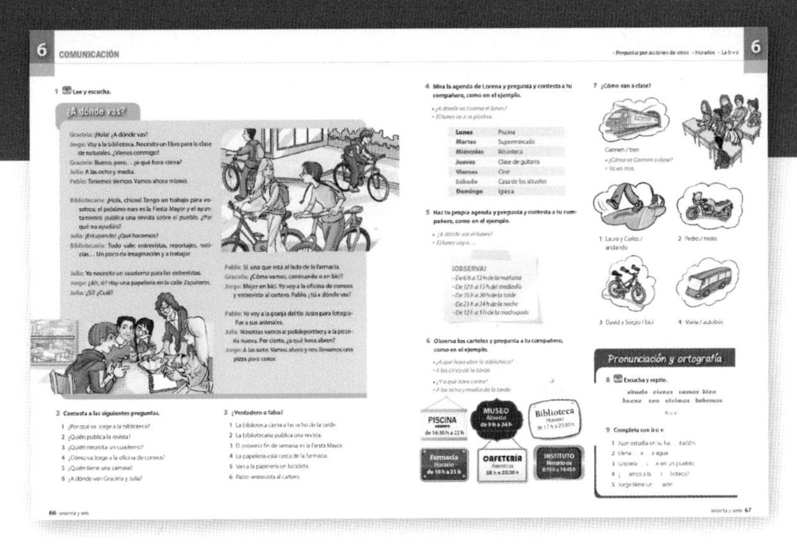

4 COMUNICACIÓN

Ofrece modelos de conversaciones contextualizadas en situaciones cotidianas de los hablantes de estas edades y actividades comunicativas de práctica.

5 DESTREZAS

Integración de contenidos que incluyen las distintas destrezas lingüísticas con textos y actividades variadas.

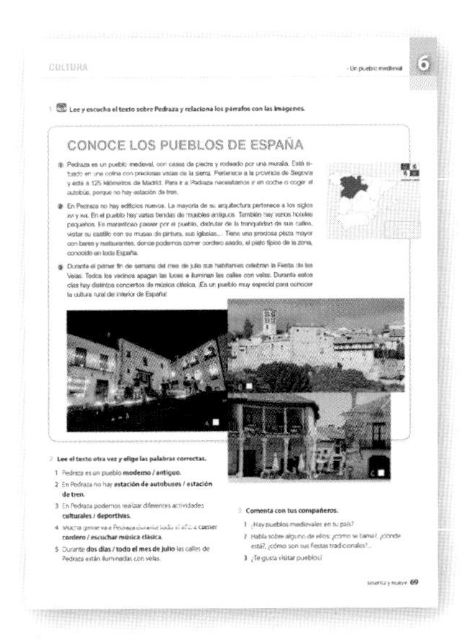

6 CULTURA

Se presentan textos y actividades como muestra del amplio abanico sociocultural de España y Latinoamérica.

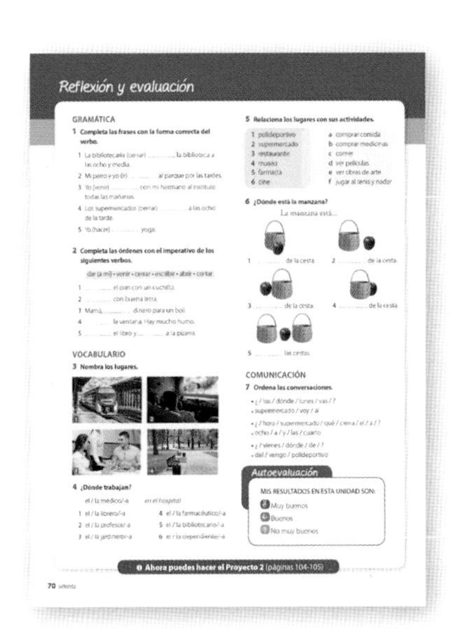

7 EVALUACIÓN

Actividades para revisar los contenidos de gramática, léxico y comunicación aprendidos en la unidad.

CADA UNIDAD CUENTA ADEMÁS CON LOS APARTADOS:

- **Para aprender:** muestra al alumno estrategias que le servirán a lo largo de su aprendizaje.
- **Pronunciación y ortografía:** se centra en las principales dificultades con que se enfrentan los alumnos al aprender el sistema fonético español.

Al final del libro podemos encontrar:

- Proyectos
- Vocabulario
- Resumen gramatical
- Transcripciones

Contenidos

Anexo

Punto de partida

1 **¿Cuántas palabras conoces en español? Relaciona los nombres con su imagen.**

1 banco	5 flamenco	9 hospital	13 limón
2 león	6 museo	10 hotel	14 moto
3 fútbol	7 metro	11 televisión	15 judo
4 gato	8 playa	12 tenis	16 euro

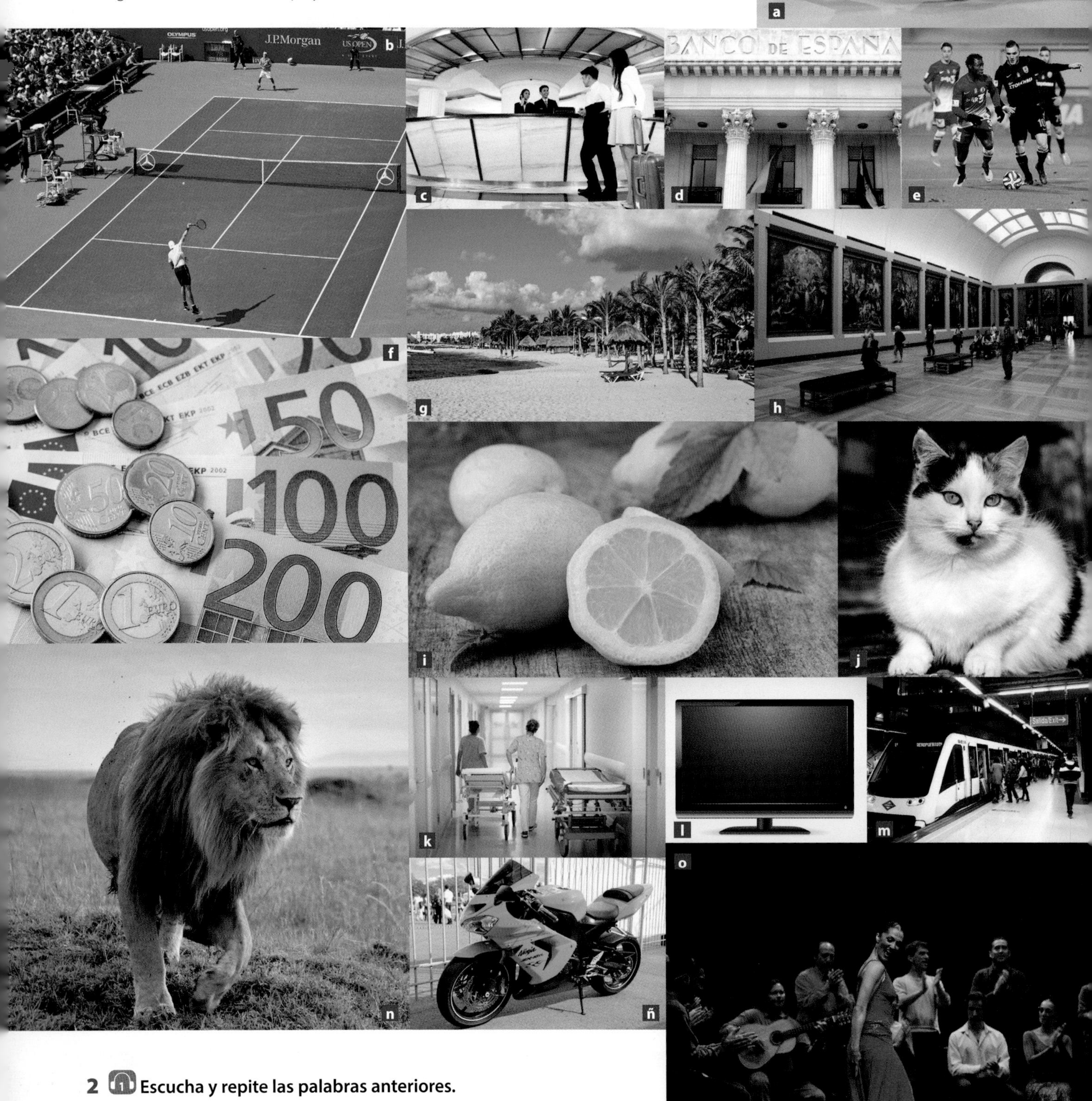

2 **Escucha y repite las palabras anteriores.**

3 Escucha y repite.

ABECEDARIO ESPAÑOL

A, a	(a)	abuelo
B, b	(be)	bolígrafo
C, c	(ce)	casa
D, d	(de)	dinero
E, e	(e)	elefante
F, f	(efe)	foto
G, g	(ge)	gato
H, h	(hache)	hoja
I, i	(i)	isla
J, j	(jota)	jardín
K, k	(ka)	koala
L, l	(ele)	lápiz
M, m	(eme)	mesa
N, n	(ene)	número
Ñ, ñ	(eñe)	niño
O, o	(o)	oso
P, p	(pe)	padre
Q, q	(cu)	queso
R, r	(erre)	reloj
S, s	(ese)	silla
T, t	(te)	tomate
U, u	(u)	uva
V, v	(uve)	vaso
W, w	(uve doble)	waterpolo
X, x	(equis)	xilófono
Y, y	(ye / i griega)	yogur
Z, z	(zeta)	zoo

OBSERVA

ca, co, cu, que, qui → /k/
za, zo, zu, ce, ci → /θ/
ja, je, ji, jo, ju, ge, gi → /x/
ga, go, gu, gue, gui → /g/

Algunas letras tienen otro nombre en Hispanoamérica:
- **b** (be larga, be grande, be alta)
- **v** (ve corta, ve chica, ve baja)
- **w** (ve doble, doble uve, doble ve, doble u)

En español estas combinaciones de letras representan un único sonido: **ch / ll / gu / qu / rr**.

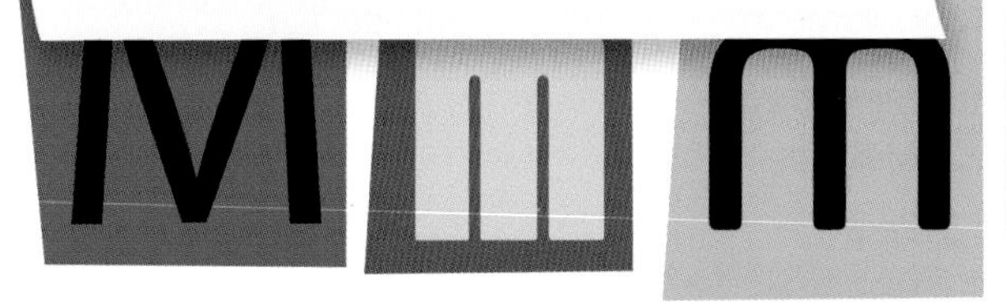

Países que hablan español

4 Deletrea en voz alta.

Colombia *ce–o–ele–o–eme–be–i–a*

1 España
2 México
3 Perú
4 Venezuela
5 Chile
6 Argentina
7 Ecuador
8 Uruguay
9 Guatemala
10 Bolivia

5 Todos estos personajes hablan español, ¿cuáles no son de origen hispano?

Shakira

Antonio Banderas

Leo Messi

Rafa Nadal

Gwyneth Paltrow

Viggo Mortensen

¡Hola!

1

VOCABULARIO ▸ Objetos de clase ▸ Nombres de las letras

GRAMÁTICA ▸ Verbos *ser* y *llamarse* ▸ Artículos determinados *(el, la, los, las)* ▸ Masculino y femenino ▸ Colores ▸ La *h* ▸ Recursos para la clase

COMUNICACIÓN ▸ Saludar ▸ Pedir y dar información personal ▸ Números del 1 al 20

DESTREZAS ▸ Mis compañeros de clase

CULTURA ▸ España

1 Relaciona las palabras con las fotos.

1 el lápiz
2 la regla
3 la mochila
4 el borrador
5 la mesa
6 la pizarra
7 el bolígrafo
8 los diccionarios
9 la silla
10 el libro
11 el ordenador
12 el cuaderno
13 el sacapuntas
14 las tijeras
15 la goma de borrar

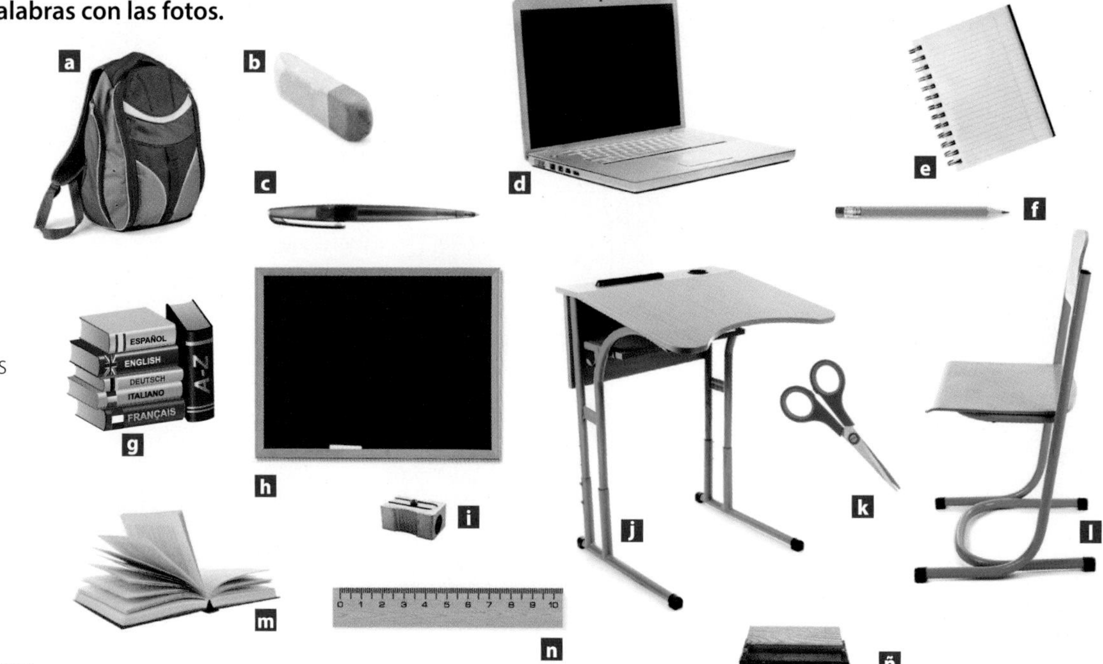

2 Escucha y practica estas expresiones. Tradúcelas a tu idioma.

1 ¿Lo puedes repetir, por favor?
2 ¿Qué significa «reloj»?
3 Lo siento, pero no te entiendo.
4 ¿Cómo se dice «computer» en español?
5 ¿Puedes hablar más despacio, por favor?

3 Relaciona las siguientes preguntas con sus respuestas. Después, escucha y comprueba.

1 ¿Lo puedes repetir, por favor?
2 ¿Me entiendes?
3 ¿En qué página estamos?
4 ¿Cómo se deletrea «cuaderno»?

a Ce-u-a-de-e-erre-ene-o.
b Sí, claro.
c Estamos en la página 6.
d Lo siento, pero no te entiendo bien.

4 Escucha otra vez y repite los diálogos.

5 Escucha y repite el abecedario.

6 Pregunta y contesta a tu compañero, como en el ejemplo.

- *¿Cómo te llamas?*
- *Patricia.*
- *¿Cómo se escribe?*
- *Pe-a-te-erre-i-ce-i-a.*

7 Escucha y completa.

- ¿Cómo te llamas?
- Jesús [1] ....iménez.
- ¿Con **g** o con **j**?
- Con [2] ....

- ¿Cómo te llamas?
- Pedro Ál[3] ....arez.
- ¿Con **b** o con **v**?
- Con [4] ....

- ¿Cómo te llamas?
- Elena [5] ....aro.
- ¿Con **h** o sin ella?
- [6] ....

8 Juega con tu compañero al «Veo, veo».

- Veo, veo.
- ¿Qué ves?
- Una cosita.
- ¿Con qué letrita?
- Con la **l**.
- Libro.
- No.
- Lápiz.
- Sí. Ahora tú.

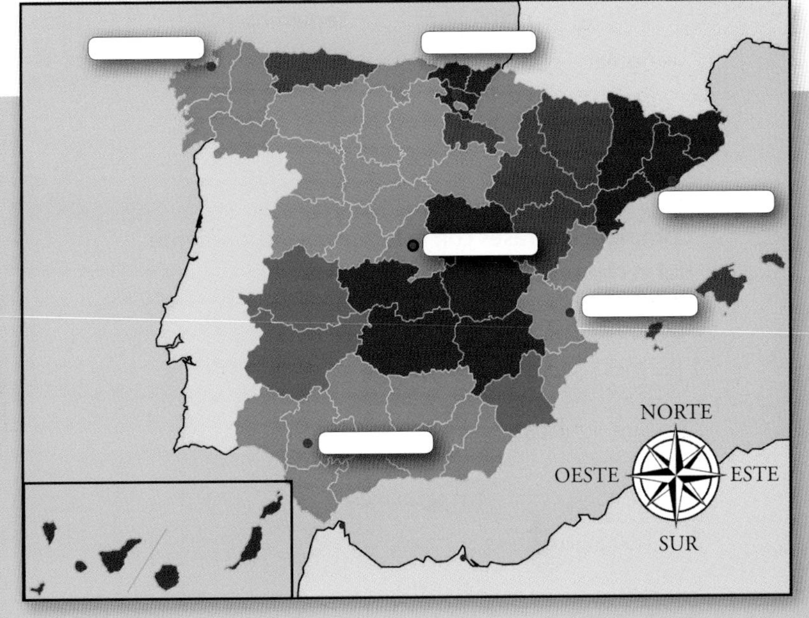

9 Lee el texto y completa el mapa con los nombres de las ciudades.

Comunidades y ciudades de España

El español es la lengua oficial de España. Madrid es la capital y está en el centro del país. En España hay 17 comunidades autónomas (y 2 ciudades autónomas: Ceuta y Melilla). Por ejemplo: Cataluña está en el noreste, su capital es Barcelona; en el este está la Comunidad Valenciana, su capital es Valencia; en el sur está Andalucía, su capital es Sevilla; el País Vasco está en el norte, su capital es Vitoria; en el noroeste está Galicia, su capital es A Coruña...

10 Lee y escucha a Daniel y a Beatriz.

¡Hola! Me llamo Daniel y tengo doce años. Soy de Sevilla, en el sur de España. Mi padre es mecánico y mi madre es camarera.

¡Hola!, ¿qué tal? Me llamo Beatriz y tengo trece años. Soy de Barcelona, junto al mar Mediterráneo. Mi hermano Juan tiene ocho años y es muy buen estudiante.

11 Contesta a las preguntas.

1. ¿Quién tiene ocho años?
2. ¿Quién es sevillano?
3. ¿Quién es buen estudiante?
4. ¿Cuántos años tiene Beatriz?
5. ¿Cuántos años tiene Daniel?
6. ¿Cómo se llama el hermano de Beatriz?

Presente de los verbos *ser* y *llamarse*

Formas singulares

	ser	**llamarse**
yo	soy	me llamo
tú	eres	te llamas
él / ella / usted	es	se llama

*Yo **soy** de Sevilla y **me llamo** Jonathan.*

Artículos determinados

	masculino	femenino
singular	**el** niño	**la** niña
plural	**los** niños	**las** niñas

¡OBSERVA!

- Generalmente, los nombres que terminan en **-o** y en **consonante** son masculinos: ***el*** *cuaderno*, ***el*** *lápiz*.
- Generalmente, los nombres que terminan en **-a** son femeninos: ***la*** *ventana*, ***la*** *casa*.
- Los nombres que terminan en **-e** pueden ser masculinos o femeninos: ***el*** *coche*, ***el*** *estudiante*, ***la*** *estudiante*.
- Los nombres masculinos que terminan en consonante y que tienen femenino, mantienen la consonante y añaden una **-a**: ***el*** *profesor* / ***la*** *profesora*.

1 Completa las frases con la forma correspondiente del verbo *ser*.

Juan *es* mi compañero.

1 La mesa .... verde.
2 Yo .... la profesora.
3 Tú .... el alumno.
4 Marisa .... tu compañera.
5 El bolígrafo .... rojo.
6 Óscar .... camarero.

2 Forma frases tomando un elemento de cada columna. Hay más de una opción.

¿Te	soy	Luis.
Yo	llamas	estudiante.
Me	eres	Ana?
¿Tú	es	profesor.
Él / Ella	llamo	española?

3 Completa con el masculino o femenino.

1 profesor ....
2 .... camarera
3 niño ....
4 .... amiga
5 campeón ....
6 .... secretaria
7 hermano ....

4 Forma el femenino de las siguientes palabras.

el león

la leona

1 el alumno
2 el gato
3 el hijo
4 el doctor
5 el compañero
6 el hermano
7 el camarero
8 el mono
9 el estudiante
10 el cantante

5 Ordena las siguientes frases.

negro / es / gato / el
El gato es negro.

1 es / pizarra / negra / la
2 es / silla / pequeña / la
3 la / soy / yo / directora
4 compañera / eres / la / Pedro / de
5 grande / es / ventana / la
6 Pedro / la / de / soy / hermana
7 capitán / eres / el / equipo / del
8 la / Juan / es / de / casa
9 ella / brasileña / es
10 ¿ / alemán / eres / tú / ?

6 Escribe en tu cuaderno frases con el verbo *ser*.

música / bonita
La música es bonita.

1 bolígrafo / azul
2 silla / grande
3 ¿usted / doctor?
4 yo / compañero de Ana
5 sol / amarillo
6 yo no / español
7 hotel / pequeño
8 mi amigo / peruano
9 ¿tú / estudiante?
10 Rosa / española
11 coche / rojo
12 él / mexicano
13 limón / pequeño
14 autobús / rojo
15 balón / blanco
16 avión / peruano

7 Describe en tu cuaderno estos objetos con sus colores.

azul • marrón • verde • rojo/-a • amarillo/-a
~~blanco/-a~~ • negro/-a • rosa

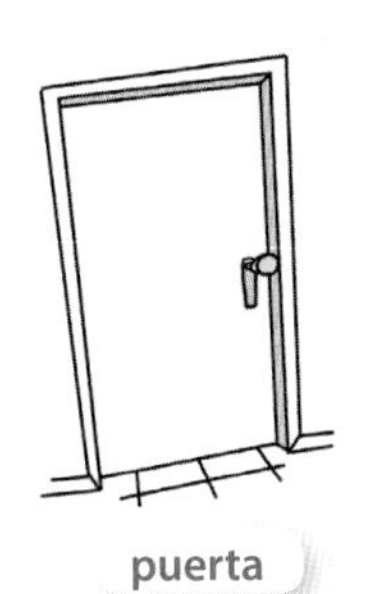
puerta
La puerta es blanca.

1 silla

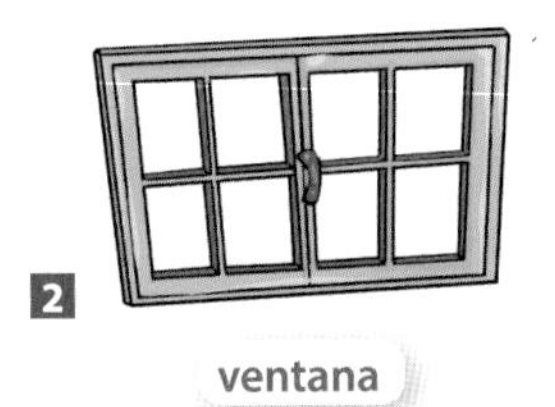
2 ventana

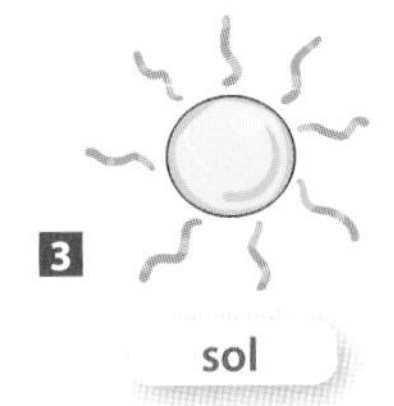
3 sol

4 pizarra

5 cartera

6 pantera

7 bolígrafo

Pronunciación y ortografía

8 Escucha y repite. ¿Se pronuncia la *h*?

hotel helado hospital

9 Escucha y repite.

hola hoja humo huevo
hache ahora hijo

Para aprender

10 Escucha y repite.

¿Cómo se escribe «hola»?
¿Qué significa «humo»?
¿Cómo se dice en español «hello»?

11 Haz a tu profesor las preguntas anteriores y practica con otras palabras.

1 **Lee y escucha.**

2 **Di tu nombre y pregunta a tu compañero, como en el ejemplo.**

Me llamo Carmen. Y tú, ¿cómo te llamas?

3 **Saluda a tu compañero, como en el ejemplo.**

- *Hola, ¿qué tal?*
- *Bien, ¿y tú?*

4 **Escucha y repite los números del 1 al 20. Después, relaciona los números con las palabras.**

1 - 10		11 - 20	
1	tres	11	trece
2	siete	12	quince
3	nueve	13	dieciséis
4	ocho	14	once
5	uno	15	dieciocho
6	seis	16	doce
7	cuatro	17	diecinueve
8	dos	18	diecisiete
9	diez	19	veinte
10	cinco	20	catorce

5 **¿Cuántos años tienes? Pregunta y contesta a tres compañeros, como en el ejemplo.**

- *¿Cuántos años tienes?*
- *Once.*

6 **Realiza las sumas y comprueba el resultado con tu compañero.**

tres + cinco = *ocho*

- *¿Cuánto es tres más cinco?*
- *Ocho.*

1 siete + ocho =
2 diez + nueve =
3 dos + doce =
4 quince + tres =
5 tres + seis =
6 uno + cuatro =
7 seis + cinco =
8 trece + siete =
9 nueve + siete =
10 dos + dos =

7 ***¿Cuál es tu número de teléfono?*** **Pregunta a cuatro compañeros su nombre y número de teléfono y anótalo en tu agenda.**

8 13 **Escucha y completa las fichas.**

LEER

1 Lee y completa con las siguientes palabras.

es • tiene (x2) • brasileña • argentino • estudiante

1 Se llama Luis Rodríguez. .... profesor de judo. .... veinte años. Le gusta la música moderna. Es ....

2 Se llama Paloma Sandoval. Es .... de español. .... diecinueve años. Es .... Le gusta el fútbol y la música.

ESCUCHAR

2 [14] Escucha y marca.

¡BINGO!

A	B	C	D	E
2	20	3	7	6
8	11	10	13	9
12	1	14	4	15
19	18	5	16	17

HABLAR

3 Conversa con tu compañero.

1 ¿Cómo te llamas?
2 ¿Qué tal estás?
3 ¿Cuántos años tienes?
4 ¿Cuál es tu número de teléfono?
5 ¿Cuál es tu asignatura favorita?

ESCRIBIR

4 Escribe a tu mejor amigo sobre un compañero de clase.

Mi compañero se llama...

ESPAÑA

España está formada por parte de la Península Ibérica, por las islas Canarias y por las islas Baleares. Tiene una superficie de 500 000 km^2 aproximadamente y limita, al oeste, con Portugal y, al norte, con Francia y Andorra. Sus costas están bañadas por el mar Mediterráneo en el sur y en el este, el mar Cantábrico en el norte, y el océano Atlántico en el oeste.

En España hay 5 lenguas oficiales. El castellano o español, es el idioma oficial en todo el país. Seis de las diecisiete comunidades autónomas de España hablan, además del castellano, otras lenguas: el catalán en Cataluña y en las islas Baleares, el valenciano en Valencia, el gallego en Galicia y el euskera en el País Vasco y en Navarra.

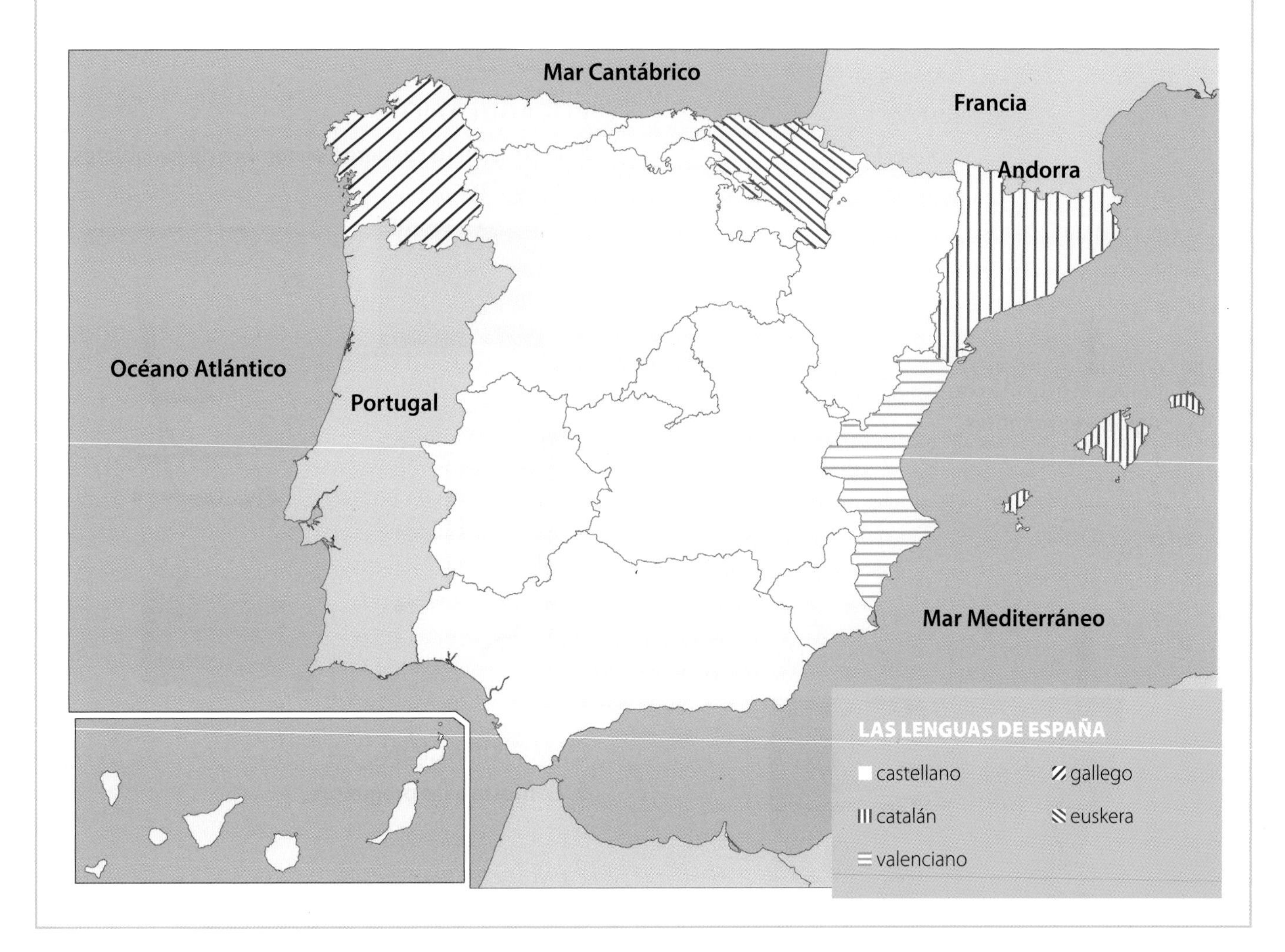

1 Lee el texto y después, en parejas, contestad a las preguntas.

1 ¿Qué islas forman parte de España?
2 ¿Con qué países limita?
3 ¿Qué mares y océanos bañan sus costas?
4 ¿Cuántas lenguas oficiales hay en España?
5 ¿Cuántas comunidades autónomas tienen dos lenguas oficiales?

2 Vuelve a leer el texto y consulta el mapa de España de la página 13 y, después, completa la tabla.

País o comunidad	Capital	Idioma
España	Madrid	español (castellano)
País Vasco		
	Valencia	
		gallego
Cataluña		

Reflexión y evaluación

GRAMÁTICA

1 Completa las frases con la forma correspondiente del verbo *ser*.

1 La manzana .... roja.
2 Yo .... tu compañera.
3 Mi profesora .... española.
4 Tú .... mi amigo.
5 La casa .... blanca.
6 ¿Tú .... hermana de Pablo?
7 Yo .... española.
8 ¿Tú .... profesor?
9 ¿Tú .... argentino?
10 ¿De dónde .... (tú)?
11 La silla .... grande.
12 Él .... mi hermano.

2 Coloca el artículo correspondiente (*el* / *la*) a los siguientes nombres.

1 ...... helado
2 ...... pizarra
3 ...... avión
4 ...... profesora
5 ...... piano
6 ...... camarero
7 ...... hotel
8 ...... profesor
9 ...... bolígrafo
10 ...... ventana
11 ...... coche
12 ...... balón

3 Forma el femenino de las siguientes palabras.

MASCULINO	FEMENINO
el niño	
el capitán	
el vecino	
el dibujante	
el director	
el profesor	

4 Coloca el artículo y la forma correspondiente del verbo *ser* para formar frases correctas.

1 (borrador / blanco)
2 (perro / grande)
3 (yo / doctor)
4 (tú / capitán)
5 (Alfonso / director)
6 (tú / amiga de Susana)

VOCABULARIO

5 Escribe en tu cuaderno el nombre de los objetos de la clase.

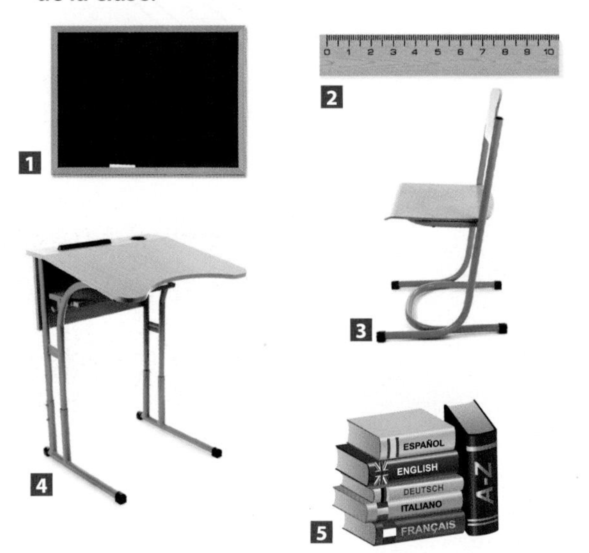

COMUNICACIÓN

6 Contesta a las preguntas.

1 ¿Cómo te llamas?
2 ¿Cuántos años tienes?
3 ¿Cuál es tu número de teléfono?
4 ¿De dónde eres?

Autoevaluación

MIS RESULTADOS EN ESTA UNIDAD SON:

- Muy buenos
- Buenos
- No muy buenos

Países de habla hispana

2

VOCABULARIO ▸ Países hispanohablantes ▸ Adjetivos de nacionalidad ▸ Días de la semana ▸ Números ordinales ▸ Asignaturas

GRAMÁTICA ▸ Verbo *ser* (formas plurales) ▸ Plural de nombres y adjetivos ▸ Demostrativos ▸ Uso de las mayúsculas

COMUNICACIÓN ▸ Saludar ▸ Pedir y dar información personal ▸ Números del 21 al 100 ▸ Hacer sugerencias ▸ Las vocales

DESTREZAS ▸ Una carta de presentación personal

CULTURA ▸ La ESO en España

1 Mira el mapa y escribe en tu cuaderno los nombres de los países numerados del 1 al 20. Después, escucha y comprueba.

1 *México*

2 Relaciona los países con las nacionalidades.

Países

1 Guatemala
2 México
3 Honduras
4 El Salvador
5 Nicaragua
6 Costa Rica
7 Panamá
8 Colombia
9 Cuba
10 Venezuela
11 Ecuador
12 Perú
13 Bolivia
14 Paraguay
15 Uruguay
16 Argentina
17 Chile
18 República Dominicana
19 Puerto Rico
20 España

Nacionalidades

a hondureño/-a	k uruguayo/-a
b nicaragüense	l español(a)
c ecuatoriano/-a	m mexicano/-a
d paraguayo/-a	n argentino/-a
e chileno/-a	ñ panameño/-a
f dominicano/-a	o peruano/-a
g guatemalteco/-a	p venezolano/-a
h salvadoreño/-a	q cubano/-a
i boliviano/-a	r colombiano/-a
j costarricense	s puertorriqueño/-a

PAÍSES DE HABLA HISPANA

3 Lee y escucha.

El español es una lengua muy importante internacionalmente. Es la lengua oficial de España, México, los países de América Central y la mayoría de los países de América del Sur. Es la tercera lengua más hablada del mundo, pues la hablan más de 450 millones de personas. En Estados Unidos es el segundo idioma y se usa frecuentemente en la radio y la televisión.
El español también se llama «castellano» porque nació en Castilla, en el centro de España.

4 ¿Verdadero o falso?

1 El español es la segunda lengua más hablada del mundo.
2 El español es la lengua oficial de la mayoría de los países sudamericanos.
3 El español es la lengua oficial de EE. UU.

5 🎧 17 **Escucha y repite los días de la semana.**

lunes · martes

miércoles · jueves · viernes

sábado · domingo

6 🎧 18 **Escucha y repite los números ordinales.**

primero / primera

segundo / segunda

tercero / tercera

cuarto / cuarta

quinto / quinta

sexto / sexta

séptimo / séptima

octavo / octava

noveno / novena

décimo / décima

7 Escribe en tu cuaderno los siguientes números ordinales.

3.º *tercero* 3.ª *tercera*

1.ª	5.ª	8.º
1.º	4.ª	9.ª
4.º	2.ª	7.ª
6.º	6.ª	8.ª
2.º	7.º	9.º
5.º	10.ª	10.º

8 🎧 19 **Escucha y repite los nombres de las asignaturas. Después, relaciona cada asignatura con su dibujo.**

Ciencias Naturales • Ciencias Sociales • Educación Física • Francés • Lengua Español • Matemáticas • Música • Educación Plástica • Religión • Informática

9 Trabaja con tu compañero como en el modelo. Dile cuál es tu asignatura favorita.

- *La asignatura de Ciencias Naturales es mi asignatura favorita.*
- *No está mal, pero mi asignatura favorita es Educación Física.*

10 Imagina que tienes este horario. Complétalo con otras asignaturas. Después, pregunta a tu compañero, como en el ejemplo.

- *¿Qué tienes a primera hora el lunes?*
- *Español.*

	Lunes	Martes	Miércoles	Jueves	Viernes
1.ª	*Español*	Lengua	C. Naturales	Religión	E. Física
2.ª	Matemáticas		C. Sociales	Matemáticas	Español
RECREO					
3.ª	Lengua	C. Naturales		Lengua	Música
4.ª	C. Naturales	Informática	C. Sociales	C. Sociales	
COMIDA					
5.ª	C. Sociales	E. Física	E. Plástica	Español	E. Plástica
6.ª	Religión		E. Plástica		E. Plástica

11 Ahora escribe en tu cuaderno tu horario real.

Presente del verbo *ser*

Formas plurales

nosotros/-as	somos
vosotros/-as	sois
ellos / ellas / ustedes	son

Ellos ***son*** *mexicanos.*

Demostrativos

	masculino	femenino
singular	**este** libro	**esta** casa
plural	**estos** libros	**estas** casas

Estos *libros son de mi hermano.*

Plural de nombres y adjetivos

Nombres

singular	plural
coch**e**	coche**s**
cami**ó**n	camion**es**

Adjetivos

	masculino	femenino
singular	el gato **blanco** el gato **grande**	la gata **blanca** la gata **grande**
plural	los gatos **blancos** los gatos **grandes**	las gatas **blancas** las gatas **grandes**

1 Completa las frases con la forma correspondiente del verbo *ser*.

Mi amigo y yo *somos* españoles.

1 ¿De dónde .... vosotros?
2 Gabriela y su familia .... argentinos.
3 Este chico .... mi hermano.
4 Yo .... enfermera.
5 Alfonso y yo .... de Barcelona.
6 Vosotros .... los primeros de la lista.
7 ¿Vosotros .... profesores?
8 ¿Tú .... japonesa?
9 ¿Ella .... profesora?

2 Completa el mensaje de Cristina con las formas adecuadas del verbo *ser*.

Me llamo Cristina y (1) ...... de Madrid.
Estos de la foto (2) ...... mi amiga Rosa
y mi amigo Dani. Nosotros (3) ...... compañeros
de clase y vecinos.
Un saludo,
Cristina

3 Completa la tabla con el plural de estos nombres.

singular	árbol	mes	día	tren	reloj
plural					

4 Forma el plural de los siguientes grupos de palabras.

el coche viejo *los coches viejos*

1 el profesor alto
2 la pizarra verde
3 la mano grande
4 la niña pequeña
5 la caja fuerte
6 el ordenador nuevo
7 el libro grande
8 la ventana pequeña

5 Ahora escribe en tu cuaderno el plural de las siguientes frases, como en el ejemplo.

Esta flor es amarilla. *Estas flores son amarillas.*

1 Este bolígrafo es rojo.
2 Este libro es azul.
3 Esta silla es verde.
4 Esta casa es blanca.
5 Esta pizarra es gris.
6 Este lápiz es marrón.
7 Esta niña es alta.
8 Este chico es español.

Para aprender

Uso de las mayúsculas

En español se escribe con letra mayúscula:

- La primera palabra de una frase:
  ***H**ola, me llamo Ricardo.*
- Los nombres y apellidos de personas, países, ríos, montañas...:
  ***L**aura **L**ópez, **F**rancia, **A**mazonas, **E**verest...*
- Los títulos de películas, libros...:
  ***T**itanic, **H**arry Potter y la cámara secreta...*

7 Escribe las frases correctamente en tu cuaderno.

graciela y pablo son compañeros de clase.
Graciela y Pablo son compañeros de clase.

1 luis vive en buenos aires.
2 el río nilo es muy largo.
3 mi padre se llama luis rodríguez.
4 la capital de perú es lima.
5 fernando es mexicano, de puebla.
6 a juan le gusta *batman*.

6 En parejas, pregunta y responde a tu compañero sobre los personajes de las fotos, como en el ejemplo.

Pedro, Perú

María, Colombia
Carlos, España
Alberto y Rosario, Ecuador
Elena y Alicia, Nicaragua

- *¿Quién es este?*
- *Es Pedro.*
- *¿De dónde es?*
- *Es peruano.*

1 20 **Lee y escucha.**

En la clase

Profesora: ¡Hola, buenos días!

Alumnos: ¡Buenos días!

Profesora: Esta es la compañera nueva. Habla español como nosotros, pero no es española. Siéntate en esta mesa, al lado de Julia.

Julia: ¡Qué bien! Somos compañeras. ¿Cómo te llamas?

Graciela: Me llamo Graciela.

Julia: ¿De dónde eres, Graciela?

Graciela: Yo soy argentina, pero mis padres son españoles.

(Saliendo de clase)

Julia: ¿Dónde vives en Argentina?

Graciela: En Buenos Aires.

Julia: Y aquí, ¿dónde vives?

Graciela: En la calle de Cervantes, cuarenta y tres. ¿Y vos?*

Julia: En la Plaza Mayor.

Graciela: ¡Qué cerca! ¿Vamos a la biblioteca?

Julia: Vale, vamos.

* Graciela es argentina. En Argentina y otros países usan *vos*, no *tú*.

2 Contesta a las preguntas.

1 ¿Cómo se llama la nueva compañera?
2 ¿Es española?
3 ¿De dónde es?
4 ¿Quién es su compañera de mesa?
5 ¿Dónde vive Julia?

3 ¿Verdadero o falso?

1 Graciela es francesa.
2 Buenos Aires es una ciudad de Argentina.
3 Julia vive en la Plaza Mayor.
4 Julia y Graciela son compañeras.

4 En parejas, pregunta y contesta a tu compañero, como Julia a Graciela.

- *¿De dónde eres?*
- *Soy argentina.*

5 En parejas, piensa en un personaje hispanoamericano famoso y habla de él al resto de la clase.

Se llama...

Tiene ... años.

Es...

Vive en...

6 **Escucha y repite los números.**

21 al 100

21	veintiuno	31	treinta y uno
22	veintidós	32	treinta y dos
23	veintitrés	33	treinta y tres
24	veinticuatro	40	cuarenta
25	veinticinco	50	cincuenta
26	veintiséis	60	sesenta
27	veintisiete	70	setenta
28	veintiocho	80	ochenta
29	veintinueve	90	noventa
30	treinta	100	cien

7 **Escribe en tu cuaderno los números que escuchas.**

a 3 / 13

b 65 / 75

c 12 / 22

d 23 / 37

e 84 / 94

f 31 / 41

8 **En parejas, pregúntale a tu compañero su dirección, como en el ejemplo.**

- *¿Dónde vives?*
- *En la calle de Cervantes, cuarenta y tres.*

9 **Escucha y repite.**

- ¿Vamos al parque?
- No, al parque no.
- ¿Vamos al cine?
- Vale, vamos.

10 **Ahora haz las siguientes sugerencias a tu compañero, como en el ejercicio anterior.**

1 A la discoteca.

2 Al zoo.

3 A la piscina.

4 A casa de Julia.

5 Al recreo.

6 A la biblioteca.

Pronunciación y ortografía

11 **Escucha y repite las vocales españolas.**

A E I O U

12 **Escucha y repite.**

azul casa mesa policía escribir matemáticas lápiz Pepe Pili mamá beber vivir tonto uno

Reflexión y evaluación

GRAMÁTICA

1 Completa las frases con la forma correspondiente del verbo *ser*.

1 Alberto y Juan .... colombianos.
2 María .... la primera de la lista.
3 Carlos y yo .... hermanos.
4 ¿Tú .... peruana?
5 Yo .... el capitán del equipo.
6 ¿Tú .... estudiante?
7 Nosotras .... profesoras.
8 Ellos no .... españoles.
9 Luisa .... mi hermana.
10 Javier .... mi profe.

2 Completa el cuadro.

PAÍS	NACIONALIDADES			
	singular		plural	
	femenino	masculino	femenino	masculino
Cuba				
	peruana			
		español		
			mexicanas	
				chilenos

3 Completa las frases. Utiliza demostrativos, como en el ejemplo.

Esta niña tiene doce años.

1 .... tienen trece años.

2 .... tienen once años.

3 .... tiene catorce años.

VOCABULARIO

4 Continúa la serie de los días de la semana.

lunes, martes, ..., ..., ..., ..., ...

5 Ordena las letras de cada globo para formar el nombre de algunas asignaturas.

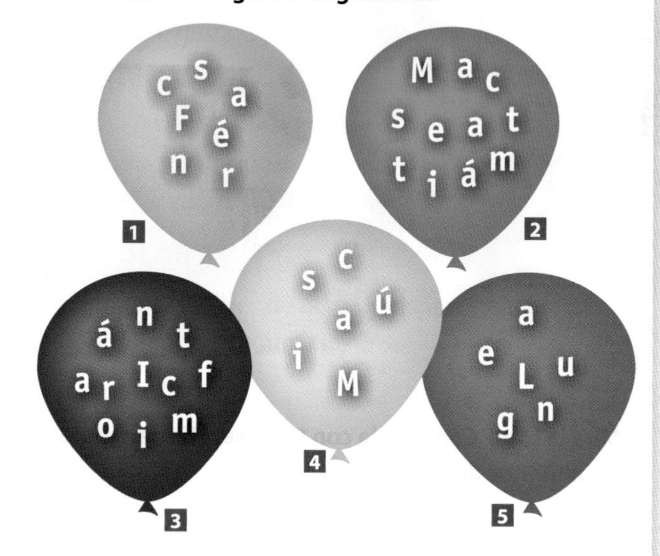

6 ¿Cuántas nacionalidades de países de habla hispana puedes escribir correctamente sin consultar el libro?

COMUNICACIÓN

7 Piensa en un personaje famoso. Tus compañeros te hacen preguntas para adivinar quién es.

¿Es hombre o mujer?
¿Cuántos años tiene?
¿De qué nacionalidad es? ¿Es cantante?
¿Dónde vive?
(...)

Autoevaluación

MIS RESULTADOS EN ESTA UNIDAD SON:

- Muy buenos
- Buenos
- No muy buenos

La familia

3

VOCABULARIO	▸ Parientes
GRAMÁTICA	▸ Presente de los verbos regulares ▸ Verbo *tener* ▸ Posesivos ▸ Hacer un cuaderno de vocabulario
COMUNICACIÓN	▸ Presentar a alguien ▸ Hablar de la familia ▸ La hora ▸ El sonido /θ/
DESTREZAS	▸ Respuesta a la carta de la unidad 2 ▸ Escuchar la programación de la televisión
CULTURA	▸ El cómic

1 Mira el árbol genealógico de la familia de David. Después, escucha y repite.

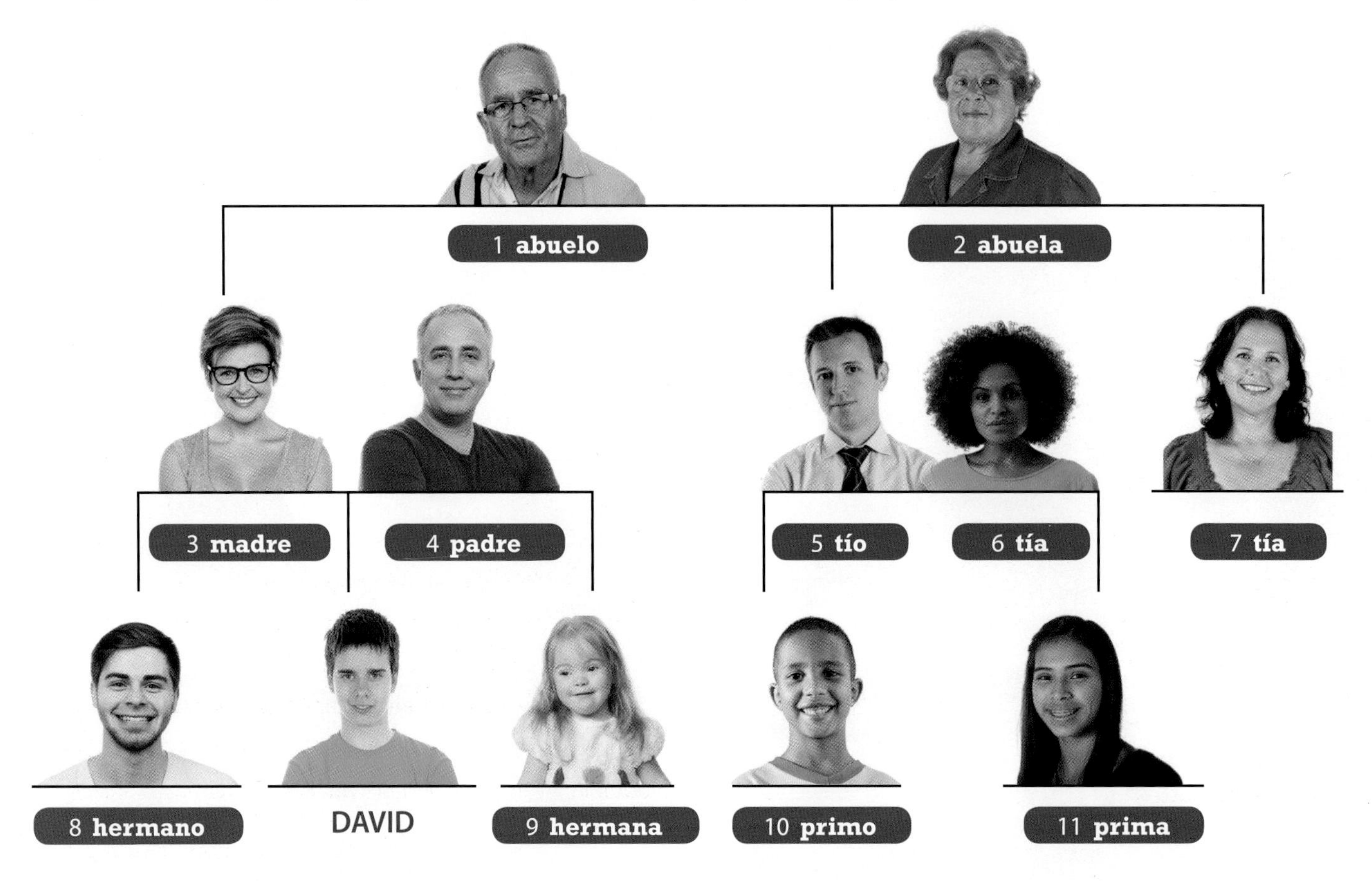

2 Escucha a David. Relaciona cada personaje de su árbol genealógico con los siguientes nombres.

Carmen • Roberto • Carlos • Alicia • María • Nacho
Juana • Luis • Álvaro • Paloma • Pilar

Su abuelo se llama Carlos.

3 Escucha las frases. ¿Cómo se dicen las palabras subrayadas en tu idioma?

1 Carlos y Juana son los abuelos de David.
2 Alicia y Luis son los padres de David, María y Nacho.
3 Alicia es la mujer de Luis.
4 Luis es el marido de Alicia.
5 David y Nacho son sus hijos.
6 María es su hija.
7 Carlos y Juana tienen cinco nietos, dos nietas y tres nietos.
8 David es el sobrino de Roberto y Carmen.
9 Paloma es la sobrina de Alicia.

4 En parejas, practica la siguiente conversación. Después, pregunta y responde sobre otros miembros de la familia de David.

• ¿Quién es Carlos?
▪ Es el abuelo de David.
• ¿Cómo se llama la madre de David?
▪ Alicia.

5 Lee la descripción de la familia de una niña española. Después, escribe en tu cuaderno acerca de tu familia.

Mi padre se llama Antonio y tiene cuarenta años. Mi madre tiene treinta y cinco y se llama Elena. Tengo dos hermanas, se llaman Ana y Marta. Ana tiene quince años y Marta, cinco. No tengo hermanos.

6 Lee y escucha.

Javier Rodríguez es madrileño. Vive en Getafe, un pueblo cerca de Madrid. Javier tiene una hermana pequeña, se llama Alejandra, y en la misma casa vive también Manolo, su abuelo. El padre de Javier es camionero, y de lunes a viernes trabaja fuera de Madrid. La madre, Catalina, es enfermera. Javier estudia el segundo curso de Educación Secundaria Obligatoria en el instituto de su barrio.

7 Responde a las preguntas.

1 ¿De dónde es Javier?
2 ¿Dónde vive?
3 ¿Cuántas personas viven en su casa?
4 ¿Qué profesión tiene el padre? ¿Y la madre?

8 Completa las frases con la información del texto.

1 Catalina es la .... de Javier.
2 Javier es el .... de Catalina.
3 Javier y Alejandra son los .... de Manolo.
4 Javier es el .... de Alejandra.

9 Lee y escucha.

Leonora es una india arahuaca. Vive en un pueblo en la montaña colombiana. Allí los niños no estudian en el colegio porque no hay, pero sus padres les enseñan las tradiciones indias. El hermano pequeño de Leonora se llama Miguel. Su padre es agricultor y también tiene vacas. Normalmente vende sus productos en los pueblos vecinos. Las mujeres y las niñas bordan mochilas con dibujos de la naturaleza: animales, plantas... Todos los arahuacos tienen mochilas bordadas. En Colombia viven un millón de indios. Los arahuacos son unos 18 000.

10 Responde a las preguntas.

1 ¿De qué país es Leonora?
2 ¿Por qué los niños arahuacos no estudian en el colegio?
3 ¿Cómo se llama su hermano?
4 ¿De qué trabaja el padre de Leonora?

11 Completa las frases con la información de los dos textos.

1 Javier Rodríguez vive en .... y Leonora vive en ....
2 La hermana de Javier .... Alejandra y el hermano de Leonora .... Miguel.
3 El padre de Javier .... camionero y el padre de Leonora .... agricultor y también .... vacas.
4 Javier estudia en un ...., pero Leonora no.
5 Los arahuacos .... mochilas bordadas.

Presente de los verbos regulares

Pronombre sujeto	estudiar	comer	vivir
yo	estudi**o**	com**o**	viv**o**
tú	estudi**as**	com**es**	viv**es**
él / ella / Ud.*	estudi**a**	com**e**	viv**e**
nosotros/-as	estudi**amos**	com**emos**	viv**imos**
vosotros/-as	estudi**áis**	com**éis**	viv**ís**
ellos / ellas / Uds.*	estudi**an**	com**en**	viv**en**

* Ud. = usted; Uds. = ustedes

Verbo *tener*

Pronombre sujeto	
yo	**tengo**
tú	**tienes**
él / ella / Ud.	**tiene**
nosotros/-as	ten**emos**
vosotros/-as	ten**éis**
ellos / ellas / Uds.	**tienen**

1 Rellena los huecos con la forma correcta del verbo.

Su hermano (vivir) *vive* en Buenos Aires.

1 Pablo y Jorge (estudiar) .... en el mismo colegio.
2 Yo (comer) .... a las dos y veinte.
3 ¿Dónde (vivir) .... tú?
4 Jorge (estudiar) .... música.
5 Mis primos y yo (vivir) .... en Arévalo.
6 ¿Dónde (comer, vosotros) ....?
7 Mi madre (trabajar) .... en un hospital.
8 María y yo no (hablar) .... mucho por teléfono.
9 Elena no (escribir) .... en su diario todos los días.
10 ¿Dónde (vivir, vosotros) ....?

2 Completa estas preguntas con los verbos anteriores.

1 • ¿Dónde .... tu padre?
▪ En un banco.
2 • ¿Qué .... (tú)?
▪ Un correo electrónico.
3 • ¿Dónde .... el profesor?
▪ En un restaurante.
4 • ¿Dónde .... María y sus padres?
▪ En Sevilla.
5 • ¿Qué .... vosotros?
▪ Matemáticas.
6 • ¿Qué .... (tú)?
▪ Un bocadillo.
7 • ¿Qué idiomas .... tu hermano?
▪ Inglés, español y francés.
8 • ¿Dónde .... ellos?
▪ En un hospital.

3 Escribe la forma correcta del verbo *tener*.

Mi hermano *tiene* una bicicleta.

1 Mis padres .... un restaurante.
2 Yo .... un ordenador.
3 Pedro y yo .... tres hijos.
4 ¿(Tú) .... muchos amigos?
5 Ustedes .... una casa en la montaña, ¿no?
6 Mi abuelo .... un perro negro.
7 Yo no .... móvil.
8 ¿Cuántos años .... usted?

4 Ordena las frases.

1 no / sábados / estudian / primos / los / Mis
2 ¿ / tus / con / padres / Comes / ?
3 vive / año / todo / Mi / Arévalo / el / en / abuelo
4 mucho / Yo / trabajo / tengo
5 ¿ / todos / Coméis / días / fruta / los / ?
6 casa / campo / una / en / Tenemos / el
7 hermano / matemáticas / estudia / Mi
8 examen / Mañana / un / tengo

Posesivos

Pronombre sujeto	Adjetivo posesivo	
	singular	plural
yo	**mi** casa / libro	**mis** casas / libros
tú	**tu** mesa / boli	**tus** mesas / bolis
él / ella / Ud. ellos / ellas / Uds.	**su** silla / hijo	**sus** sillas / hijos
nosotros/-as	**nuestro** perro **nuestra** amiga	**nuestros** perros **nuestras** amigas
vosotros/-as	**vuestro** tío **vuestra** silla	**vuestros** tíos **vuestras** sillas

5 Completa los huecos con el posesivo correspondiente.

Daniel estudia con *su* primo los fines de semana.

1 ¿Estudias música en .... instituto?
2 Yo vivo con .... familia.
3 Ellos tienen .... ordenador en la habitación.
4 Graciela vive con .... tíos.
5 Yo tengo .... libros en la cartera.
6 Pedro tiene .... bicicleta en la calle.

6 En parejas, pregúntale a tu compañero el nombre de los miembros de su familia.

• *¿Cómo se llaman tus padres?*
▪ *Pepe y Luisa.*

7 Ahora, dile a toda la clase cómo se llaman los miembros de tu familia y los de tu compañero.

Mis padres se llaman Juan y María; sus padres se llaman Pepe y Luisa. Mi hermano se llama Carlos; su hermana se llama Marta.

8 Completa el texto con la forma correcta de los verbos *ser, tener* y los posesivos.

En nuestra familia, los animales [1] ___ muy importantes. [2] ___ dos perros, dos gatos y dos peces. Mi padre no [3] ___ mascota. Mi madre [4] ___ un perro negro, que se llama Pancho. Yo [5] ___ dos peces y [6] ___ hermana María [7] ___ un gato, que se llama Situ. [8] ___ hermanos Juan y Pedro [9] ___ los pequeños y [10] ___ un gato, que se llama Tigre. Mi abuelo [11] ___ un perro muy viejo. [12] ___ perro se llama Lucero.

Para aprender

9 Mira este cuaderno de Ronaldo, un brasileño que estudia español. Después, escribe en tu cuaderno de vocabulario las palabras nuevas y tradúcelas a tu idioma.

1 Lee y escucha.

A la hora del recreo

Julia: Mira, Graciela, estos son mis primos Pablo y Jorge.
Graciela: ¡Hola!, ¿qué tal?, ¿cómo están?
Pablo y Jorge: ¡Hola!, ¿qué tal?
Julia: Son hijos de la profesora de Música.
Graciela: ¿Ah, sí? ¿La señorita Aurora es su madre?
Jorge: Sí, y mi hermana Irene también estudia en este colegio.
Pablo: ¿Y tú?, ¿tienes hermanos?
Graciela: Sí, tengo un hermano. Vive en Buenos Aires con mis padres. Yo vivo aquí con mis tíos.
Julia: ¿Sabes? Pablo y Jorge viven cerca de tu casa. ¿Qué hora es?
Pablo: Son las once y media. ¡A clase!
Julia: ¿Dónde vamos esta tarde?
Jorge: Después de comer vamos a casa del abuelo. ¿Te vienes, Graciela?
Graciela: ¡Bárbaro!
Julia: ¡Qué bien! Así te enseñamos su casa.

2 Contesta a las preguntas.

¿Quiénes son Pablo y Jorge?
Los primos de Julia.

1 ¿Quién es la profesora de Música?
2 ¿Quién es Irene?
3 ¿Dónde viven los padres de Graciela?
4 ¿A dónde va Julia con sus primos después de comer?

3 ¿Verdadero o falso?

1 Graciela vive en Argentina.
2 El abuelo de Irene es profesor de Música.
3 Pablo, Jorge y Julia son primos.
4 Irene estudia en el colegio de Julia.

4 Pregúntale a tu compañero si tiene hermanos.

• *Luis, ¿tienes hermanos?*
▪ *Sí, tengo dos hermanos y una hermana.*

5 ***¿Qué hora es? Son las tres y diez.*** **Después, escucha y repite.**

6 (34) **Escribe en tu cuaderno las horas y, después, escucha y comprueba.**

7 **Pregunta y contesta a tu compañero sobre la cartelera de cine.**

- *¿A qué hora es «Mortadelo y Filemón»?*
- *A las cinco y veinte.*

Cines Ideales

Sala	Horario
Sala 1 LEGO, LA PELÍCULA	19:30
Sala 2 MORTADELO Y FILEMÓN	17:20
Sala 3 LA SAGA CREPÚSCULO: ECLIPSE	16:50
Sala 4 GRU, MI VILLANO FAVORITO	18:15
Sala 5 EL HOBBIT, LA BATALLA DE LOS CINCO EJÉRCITOS	20:45

Pronunciación y ortografía

8 (35) **Escucha y repite.**

azul bicicleta cinco marzo zapato

→ /θ/ + a, o, u	→ /θ/ + e, i
za, zo, zu	*ce, ci*

9 **Completa las siguientes palabras con *z/c*.**

1 ....ine
2 on.........e
3 ....umo
4 ....oo
5 balon.........esto
6 ....iclismo
7 ....iudad
8 ....ona
9 pi.........arra
10 habita.........ión

10 (36) **Ahora, escucha y repite.**

LEER

1 Pierre vive en París y contesta a Marta (pág. 28), que vive en Cádiz. Lee el mensaje de Pierre y corrige las siguientes afirmaciones. Escribe las respuestas en tu cuaderno.

> Hola, Marta:
>
> ¿Qué tal estás? Yo, bien. Gracias por tu correo.
>
> Tengo 13 años y estudio segundo curso de Educación Secundaria en París. Estudiamos español los lunes, miércoles y viernes. La profesora de español se llama Carmen.
>
> Te hablo de mi familia: mi padre trabaja en un hotel y mi madre en un hospital. Tengo dos hermanos: Olivier tiene dieciocho años y Anna tiene diez.
>
> Me gusta mucho la música y mi cantante favorita es Shakira, es colombiana. Mis deportes favoritos son el fútbol y el ciclismo.
>
> En el colegio me gustan mucho las ciencias naturales porque el profesor de ciencias es muy simpático.
>
> Un saludo,
> Pierre

Pierre tiene quince años.
Pierre tiene trece años.

1 Estudia en Lyon.
2 Estudia español los martes y jueves.
3 Su profesora de español se llama Anna.
4 Su padre trabaja en un hospital.
5 Su hermano se llama Mathieu.
6 A Pierre no le gusta la música.
7 Shakira es española.
8 A Pierre le gustan las matemáticas.

ESCRIBIR

2 Escribe en tu cuaderno un correo a un nuevo amigo para presentarte. Puedes seguir el modelo del correo de Pierre.

ESCUCHAR

3 (37) Escucha la programación de televisión para hoy y dibuja la hora.

Telediario 1

Vuelta ciclista a España

Club Megatrix: **Tiny Toons**

Documental: **El león africano**

Cine: **Superman 2**

Música clásica

Fútbol: **Real Madrid- Barcelona**

HABLAR

4 Completa estos relojes con una hora.

1

2

3

4

5 Pregunta a tu compañero la hora en tus relojes.

6 En pequeños grupos. Pregunta a tus compañeros y luego comparte la información con el resto de la clase.

1 ¿Quién tiene dos hermanos mayores?
2 ¿Quién tiene hermanas pequeñas?
3 ¿Quién tiene tres tíos?
4 ¿Quién tiene más de diez primos?
5 ¿Cuántos primos tienes tú?

www.mundodelcomic.net

El cómic y el dibujo animado

El cómic es una mezcla de dibujo y escritura para contar una historia. Nace a finales del siglo XIX con mucho éxito por su sencillez técnica: para crear un cómic solo se necesita tener una historia, un lápiz y un papel en blanco para dibujar.

A diferencia del cómic, para hacer una película de dibujos animados hace falta un desarrollo tecnológico que se logra con el paso de los años. Las primeras películas de animación son mudas y en blanco y negro. En la sala de proyección una persona toca el piano y no hay otro sonido. El cine sonoro y el color llegan más tarde.

Una película de animación es un trabajo de equipo donde intervienen muchas personas. En el cómic, normalmente la persona que crea la historia es también dibujante, guionista, iluminador, maquillador, actor, decorador, etc.

Una de las películas de animación española es *Mortadelo y Filemón contra Jimmy el Cachondo* (2014). Es la tercera película protagonizada por Mortadelo y Filemón, la famosa pareja de detectives del cómic español, obra del conocido dibujante Francisco Ibáñez. Está hecha en animación, en 3D, y es ganadora de dos «Goyas», los premios de la Academia del Cine Español.

1 Lee y escucha el texto. ¿Quiénes son Mortadelo y Filemón?

2 Relaciona las siguientes palabras con sus definiciones.

actor / actriz

dibujante

guionista

maquillador(a)

decorador(a)

iluminador(a)

1. Escribe el guion de una película.
2. Actúa en una obra o en una película.
3. Es el responsable de la iluminación en una obra o película.
4. Diseña los decorados de una obra o película.
5. Realiza los dibujos en una película de animación.
6. Es el responsable del maquillaje.

Reflexión y evaluación

GRAMÁTICA

1 Completa las frases con la forma correcta del verbo.

1 Mis padres y yo (vivir) .... en España.
2 Mi hermano (estudiar) .... inglés.
3 Elena y sus amigos (comer) .... a las dos.
4 Yo no (tener) .... un ordenador en mi habitación.
5 Carlos y yo (estudiar) .... mucho.
6 Mi hermano David (trabajar) .... con mi padre.
7 ¿Tú (vivir) .... en Valencia?
8 Rosa no (comer) .... nunca en un restaurante.
9 ¿Cuántos años (tener) .... tu hermana?
10 ¿(Tener) .... un diccionario?

2 Elige la opción correcta.

1 ¿Vives con **tu / tus** padres?
2 Estudio con **mi / mis** hermano los fines de semana.
3 Los niños pequeños viven con **su / sus** padres.
4 Este es **mi / mis** amigo Luis.
5 Rosa no vive con **sus / su** padres, vive sola.
6 ¿Dónde está **tu / tus** bolígrafo rojo?
7 Gracias por **tu / tus** regalo.
8 **Nuestro / Nuestra** clase de Español es los lunes y los miércoles.

VOCABULARIO

3 Completa las frases de David.

1 Alicia es mi madre. Yo soy su ....
2 Pilar es mi hermana. Yo soy su ....
3 Mi madre es la mujer de mi padre. Mi padre es su ....
4 Carmen es la hermana de mi madre. Es mi ....
5 Los hijos de Carmen son mis ....
6 El padre de mi madre es mi ....

4 Sopa de letras: busca seis palabras de los miembros de la familia.

P	R	I	M	O	A	G	E	H
O	C	B	A	I	L	J	M	Z
S	R	L	D	O	B	K	H	T
U	J	E	R	C	I	S	P	Í
Q	R	H	E	R	M	A	N	O
H	P	B	I	A	C	B	O	U
Ñ	C	A	N	J	X	U	F	Y
G	K	J	A	B	O	E	C	I
U	Z	X	V	I	J	L	B	H
L	A	J	B	A	S	O	R	P

COMUNICACIÓN

5 ¿Qué hora es?

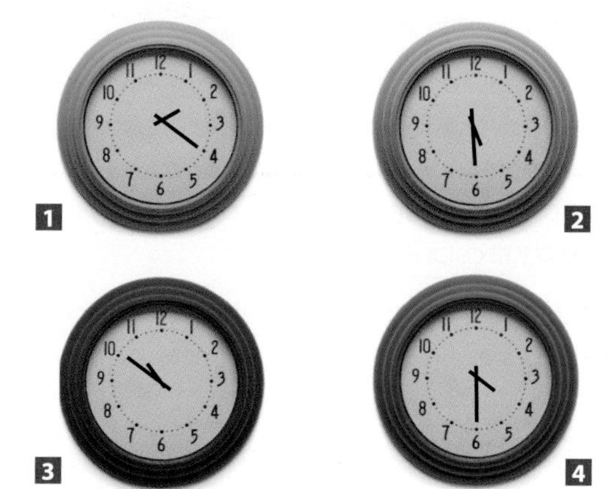

Autoevaluación

MIS RESULTADOS EN ESTA UNIDAD SON:

Muy buenos
Buenos
No muy buenos

Ahora puedes hacer el Proyecto 1 (páginas 102-103)

Comidas y bebidas

4

VOCABULARIO	▸ Alimentos ▸ Comidas preparadas
GRAMÁTICA	▸ Verbo *querer* ▸ Artículos indeterminados *(un, una, unos, unas)* ▸ Nombres contables / incontables ▸ *Hay* ▸ Verbo *gustar* ▸ Organizar el léxico
COMUNICACIÓN	▸ Ofrecer ▸ Las cosas que nos gustan y las que no nos gustan ▸ El sonido */r/* y el sonido */r̄/*
DESTREZAS	▸ Comer en España
CULTURA	▸ Alimentarse bien

1 39 **Escucha y repite.**

2 Clasifica los alimentos del ejercicio 1 en las tablas.

comidas	
pescado	
carne	
fruta	
verdura	
lácteos	
otros	

bebidas

3 Mira el dibujo e indica qué alimentos del ejercicio 1 hay y no hay en la nevera.

- *Hay tomates.*
- *No hay zanahorias.*

4 40 **Escucha y completa los huecos.**

PAQUI: ¿Qué compramos? ¿Quieres comer [1] ....?
LUIS: No, a mí no me gusta la carne. Mejor, [2] ....
PAQUI: ¿Con tomate?
LUIS: Sí, a mí me gusta la pasta con queso y [3] ...., como los italianos.
PAQUI: A mí me gusta más con [4] ....
LUIS: ¿Tomamos fruta de postre?
PAQUI: Sí, yo quiero un [5] ....
LUIS: Para mí, una manzana. Las [6] .... son muy ricas y tienen muchas vitaminas.
PAQUI: ¿Y para beber?
LUIS: Yo quiero [7] .... de naranja.
PAQUI: Yo siempre como con [8] ....

5 Ahora, lee el diálogo anterior y contesta a las siguientes preguntas.

1 ¿A quién no le gusta la carne?
2 ¿Quién come la pasta con queso y tomate?
3 ¿A quién le gusta con verduras?
4 ¿Qué comen de postre?
5 ¿Quién come con agua?

6 Observa la selección de restaurantes con distintos tipos de cocina y contesta a las preguntas.

¿Qué tienen en el restaurante vegetariano? *Ensaladas.*
1 ¿Cómo se llama el restaurante peruano?
2 ¿Dónde se come pasta y pizzas?
3 ¿Cómo se llama el restaurante brasileño?
4 ¿Dónde se come por 12€?
5 ¿De qué nacionalidad es la cocina de La Fábrica?

Montevideo
RESTAURANTE URUGUAYO
Especialidad en carnes, chivitos y pastas caseras
Menú: 12€ con postre y café

El granero
RESTAURANTE VEGETARIANO
Espectacular barra de ensaladas

7 ¿Verdadero o falso?

1 El restaurante argentino se llama Montevideo.
2 En el restaurante vegetariano se come carne.
3 En El Rancho tienen burritos.
4 En El Carioca se come pescado.
5 La pasta y las pizzas son comidas italianas.
6 La parrillada argentina cuesta 40€ por persona.

Restaurante argentino
LA BARBACOA

Parrillada argentina (para 2 personas) 40€
Lomo de buey y carnes argentinas

1 Lee y escucha.

En el comedor

Pablo: ¿Qué hay hoy de comer?
Jorge: Tenemos paella.
Julia: ¿A ti te gusta, Graciela?
Graciela: Sí, me gusta mucho.
Pablo: ¿Jorge, quieres agua?
Jorge: Sí, gracias.
Julia: ¿Me pasas el pan, por favor?
Jorge: Sí, toma.
Pablo: ¡Humm! ¡Qué rica! La paella es mi comida favorita.
Julia: La mía es el arroz con tomate.
Graciela: Y la mía, la carne a la parrilla.
Jorge: Pues a mí no me gusta la carne; son más ricos los macarrones.
Julia: De postre hay fruta o helado. ¿Queréis plátanos?
Jorge: No, gracias, mejor una manzana.
Graciela: Yo quiero un helado.
Pablo: Tengo una sorpresa para todos: ¡rosquillas del abuelo!

2 Contesta a las preguntas.

1 ¿Dónde están?
2 ¿Qué tienen para comer?
3 ¿Cuál es la comida favorita de Julia?
4 ¿Qué comida no le gusta a Jorge?
5 ¿Qué hay de postre?
6 ¿Qué sorpresa tiene Jorge?

3 ¿Verdadero o falso?

1 A Graciela le gusta la paella.
2 La carne es la comida favorita de Jorge.
3 La comida favorita de Julia es el arroz con tomate.
4 Pablo come una manzana de postre.
5 Graciela quiere un helado.
6 Jorge trae rosquillas de su abuelo.

4 En parejas, ofrécele a tu compañero uno de los siguientes postres.

- *¿Quieres una manzana?*
- *Sí, gracias. / No, gracias; mejor una pera.*

5 **Trabaja con tu compañero y relaciona las siguientes palabras con las imágenes.**

un bote de cola • un cartón de leche
una taza de café • un vaso de zumo • un paquete de galletas
un trozo de tarta • ~~una botella de agua~~

una botella de agua

6 **¿Qué palabra o palabras del ejercicio anterior se pueden utilizar con estos productos?**

1	pizza	
2	limonada	
3	té	
4	agua	
5	arroz	

7 42 **Escucha y repite.**

- ¿Te gusta la paella?
- Sí, me gusta mucho. / No, no me gusta mucho.

- ¿Te gustan los plátanos?
- No, no me gustan nada.

8 **Pregunta a tu compañero como en el ejercicio anterior y completa la tabla.**

	MUCHO	NO MUCHO	NADA
zumo de piña			
hamburguesas			
ensalada			
leche			
galletas			
carne			
pescado			

9 **Escribe en tu cuaderno las cosas que le gustan y no le gustan a tu compañero y coméntalo con la clase.**

Pronunciación y ortografía

10 43 **Escucha y repite.**

/r/ → -r-, -r	pera, naranja, hablar
/r̄/ → -rr-	perro, pizarra, arroz
r-	Rosa, Ramón

11 44 **Escucha y completa con *r/rr*.**

1 to.......o
2 ....eloj
3 ....ueda
4 ....adio
5 zanaho.......ias
6 ji.......afa
7 maca.......ones
8 compañe.......a
9 ....egla
10 ama.......illo

12 44 **Escucha otra vez y repite.**

LEER

1 Lee y contesta a las preguntas.

1 ¿A qué hora comen los españoles?
2 ¿Dónde comen los españoles?
3 ¿Qué comen de postre los españoles?
4 ¿Qué no les gusta en general a los niños?

Comer en España

En España, la comida más importante es la de mediodía. Los españoles comen entre la una y las tres de la tarde. La gente come en su casa, en un restaurante o en el comedor escolar. El menú tiene tres platos. Normalmente el primer plato es una sopa, una ensalada, verdura, arroz o pasta. El segundo tiene carne, pescado o huevo. Y el postre es fruta, flan, yogur o helado. A los niños españoles les gusta mucho la pasta con tomate, pero no les gustan mucho las verduras. De postre, casi todos comen fruta.

ESCUCHAR

2 45 Escucha a Celia y Ramón hablar de sus gustos y completa la tabla.

	Celia		Ramón	
	SÍ	NO	SÍ	NO
Pollo				
Patatas				
Pasta				
Fruta				
Verdura				
Pescado				

ESCRIBIR

3 Ordena los platos en la carta.

macarrones con tomate • ensalada • sopa
pollo con patatas • atún • hamburguesa • flan
arroz con verduras • plátano • helado

HABLAR

4 En parejas. En un restaurante. A es el camarero y B es el cliente. Mira la carta del «Restaurante Pedro».

A ¿Qué quiere de primero?
B De primero quiero ....
A ¿Qué quiere de segundo plato?
B De segundo quiero ....
A ¿Y de postre?
B ....

5 ¿Cuál es tu comida favorita? ¿Y la que te gusta menos? Habla con tu compañero.

- *¿Cuál es tu comida favorita?*
- *Mi comida favorita es la pasta.*
- *¿Y cuál es la comida que te gusta menos?*
- *La comida que me gusta menos es la carne.*

1 **Comenta con tu compañero qué ingredientes tienen los siguientes productos.**

- una hamburguesa - un zumo

2 **Lee el texto y comprueba tus respuestas del ejercicio 1.**

¿Te alimentas bien?

Estás en una hamburguesería con tus amigos. Tienes mucha hambre y comes una hamburguesa de carne y bebes un brick de zumo de naranja.

Pero, ¿sabes qué contienen estos alimentos?

Seguro que la hamburguesa tiene carne, queso, tomate, ensalada…. Pero también hay algunos ingredientes extra. Por ejemplo: sal, azúcar, conservantes –para mantener la carne en buen estado durante más tiempo– y antioxidantes –para proteger los alimentos del oxigeno del aire–. Con frecuencia la carne de las hamburguesas contiene hormonas para criar a los animales más deprisa. Y estos productos tienen hasta un 45% de agua.

Lo mismo ocurre con el zumo de naranja. Su contenido lleva una pequeña parte de zumo de naranja. El resto es agua, azúcar y otros productos químicos.

Por todo esto, no es bueno comer muchos alimentos elaborados. Es mejor comer productos frescos como las ensaladas y verduras para cuidar nuestra salud y estar más sanos.

3 **Lee el texto otra vez y di si las siguientes afirmaciones son verdaderas o falsas.**

1 Las hamburguesas y los zumos tienen pocos ingredientes.
2 No hay nada de carne en una hamburguesa.
3 Los zumos no contienen frutas.
4 Los alimentos duran más cuando tienen conservantes.
5 La carne nunca tiene hormonas.
6 Los productos frescos no son sanos.

4 **Pregunta a tu compañero.**

1 ¿Piensas que lo que comes habitualmente es fresco y sano?
2 ¿Qué prefieres: la comida hecha en casa o en un restaurante de comida rápida?

5 **Fíjate en los horarios y en los nombres de las diferentes comidas en España. Escribe el nombre de las comidas en tu idioma y los horarios en que las tomas.**

ESPAÑA		MI PAÍS	
Nombre	Horario	Nombre	Horario
Desayuno	7:00-9:00		
Almuerzo	10:30-11:30		
Comida	13:30-15:00		
Merienda	17:00-18:00		
Cena	20:00-22:00		

Reflexión y evaluación

GRAMÁTICA

1 Completa las frases con la forma correspondiente del verbo *querer* o *hay*.

1 Mis padres .... un coche nuevo.
2 En el frigorífico .... leche.
3 María, ¿........................ un huevo frito?
4 Pedro y yo no .... postre.
5 No .... pan en la mesa.
6 Nicolás no .... un bocadillo.
7 Yo no .... pan.
8 Nosotros .... ordenadores en la clase.
9 Lo siento, no .... agua en la botella.
10 Mamá, ahora no .... el bocadillo.

2 Clasifica los siguientes nombres en dos grupos, contables e incontables, con su correspondiente artículo indeterminado cuando sea necesario.

~~galletas~~ • ~~pan~~ • patatas • agua • pera • cebolla
plátano • azúcar • filetes • arroz • queso

Contables		Incontables
singular	plural	solo singular
	unas galletas	*pan*

3 Completa con *un / una / unos / unas* si es necesario.

1 Quiero .... manzana.
2 Juan tiene .... pantalones nuevos.
3 ¿Queréis .... azúcar?
4 ¿Tienes .... leche?
5 ¿Tienes .... dinero?
6 No queremos .... postre.
7 Ellos tienen .... hermano más.
8 Yo no bebo .... leche por la noche.
9 ¿Queréis .... pan?
10 Mi hermano tiene .... perro negro.

4 Completa las frases con el pronombre *(me, te...)* y *gusta / gustan.*

1 ¿A ti .... el flamenco?
2 A mis padres .... México.
3 ¿A vosotros .... los animales?
4 A mí .... el español.
5 A nosotros no .... la música clásica.

VOCABULARIO

5 Escribe en tu cuaderno el nombre los siguientes alimentos.

COMUNICACIÓN

6 Ordena las palabras en las siguientes frases de las conversaciones entre dos amigos.

- ¿ / música / te / clásica / gusta / la / ?
- me / música / no / mí / a / gusta / «pop» / la

- ¿ / jugar / te / al / gusta / baloncesto / ?
- gusta / sí / mucho / me

- ¿ / tú / más / quieres / arroz / ?
- no / gracias / más / no / quiero

Autoevaluación

MIS RESULTADOS EN ESTA UNIDAD SON:

- Muy buenos
- Buenos
- No muy buenos

¿Dónde están las llaves? 5

VOCABULARIO	▶ Tipos de vivienda ▶ Partes de la casa ▶ Mobiliario ▶ Adjetivos descriptivos ▶ Serie de palabras
GRAMÁTICA	▶ Verbo *estar* ▶ Posición ▶ Oposición *ser / estar*
COMUNICACIÓN	▶ Ubicación de objetos y personas ▶ Descripción de la casa y de objetos ▶ El sonido */x/*
DESTREZAS	▶ ¿Cómo es la casa de tus sueños?
CULTURA	▶ Vivienda ecológica

1 Fíjate en el dibujo y relaciona las palabras con las habitaciones de la casa. Después, escucha y comprueba.

terraza · recibidor · cuarto de baño · dormitorio · cocina · salón-comedor · jardín

2 Escucha los sonidos. ¿Dónde está Guillermo?

3 Clasifica las siguientes palabras en las diferentes habitaciones. Después, escucha, comprueba y repite.

mesa • fregadero • espejo • cama • armario • lámpara
estantería • lavabo • lavadora • alfombra • frigorífico
ducha • ordenador • silla • sillón • cuadro • cocina
radio • bañera • televisión • póster • sofá • teléfono

comedor	cocina	baño	dormitorio

4 Escribe en tu cuaderno seis frases verdaderas sobre la casa del dibujo, como en el ejemplo.

En el salón hay seis sillas.
En el jardín no hay lavabo.

5 Contesta a las preguntas.

1 ¿Cuántas sillas hay en el dormitorio?
2 ¿Dónde está el ordenador?
3 ¿Cuántos espejos hay en la casa?
4 ¿Qué hay en la cocina?
5 ¿Dónde está el lavabo?
6 ¿Cuántos cuadros hay en el salón?

6 Relaciona los adjetivos con sus contrarios.

1 grande	a antiguo
2 nuevo	b feo
3 cómodo	c incómodo
4 moderno	d pequeño
5 bonito	e viejo

Para aprender

7 Tacha la palabra que no corresponda en cada serie, como en el ejemplo.

grande, ~~jardín~~, bonita, pequeña
1 cama, armario, frigorífico, espejo
2 mesa, sofá, sillas, pueblo
3 cómodo, nuevo, fregadero, moderno
4 estantería, alfombra, lámpara, cocina
5 ventana, salón, cocina, dormitorio
6 teléfono, ciudad, televisión, ordenador

8 (49) **Mira la página web. Escucha y repite las palabras.**

9 Relaciona algunas palabras del ejercicio anterior con sus definiciones.

1 Alojamiento con ruedas que permite dormir y viajar en él.
2 Espacio donde los jóvenes y los estudiantes suelen alojarse.
3 Lugar donde se cultivan alimentos y se crían animales.
4 Alojamiento normalmente en un pueblo pequeño.
5 Barco grande para realizar viajes de vacaciones.

10 En parejas, contestad a la pregunta: ¿qué alojamiento preferís? Ponedlos en orden de menor a mayor.

11 (50) **Escucha a una familia hablando sobre sus vacaciones y contesta a las preguntas.**

1 ¿Dónde deciden ir?
2 ¿Dónde deciden alojarse?

12 (50) **Escucha otra vez y escribe dónde prefiere ir cada uno.**

Padre	
Madre	
Pedro	
Ana	

Presente del verbo *estar*

yo	estoy
tú	estás
él / ella / Ud.	está
nosotros/-as	estamos
vosotros/-as	estáis
ellos / ellas / Uds.	están

Posición

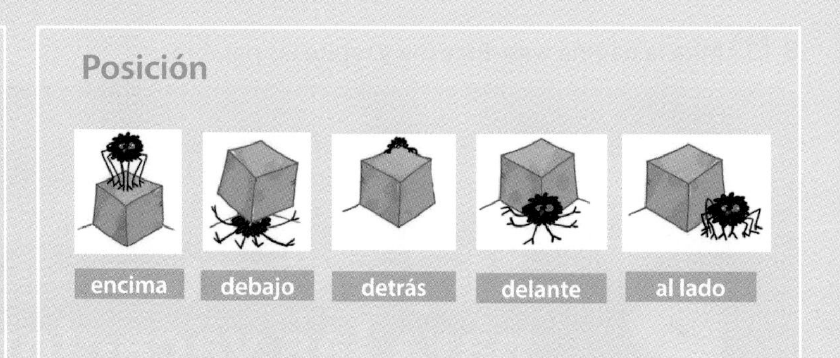

1 Completa las frases con la forma correspondiente del verbo *estar*.

Alfredo *está* en el gimnasio.

1. Pedro y Elisa no están en casa.
2. Juan está en la biblioteca.
3. ¿Dónde están tú por las mañanas?
4. Yo no estoy en casa a la hora de comer.
5. Mis amigos y yo estamos en el equipo del colegio.
6. Vosotros no estáis en la lista.
7. Laura está en su dormitorio.
8. El profesor no está en su clase.
9. Las naranjas están en la cocina.
10. Nosotras estamos en la escuela.

2 Completa el mensaje que Mario envía a Ana con las formas correspondientes del verbo *estar*.

¡Hola, Ana!

Mis padres y yo [1] estamos en la playa de vacaciones. La casa [2] está al lado del mar y es muy grande. Mi amigo Felipe [3] está en la casa de sus abuelos, en el mismo pueblo.

Yo [4] estoy en el equipo de fúbtol de la urbanización. Jugamos todas las tardes. Y tú, ¿[5] estás en el equipo del año pasado?

Nos vemos a la vuelta.

¡Hasta pronto!

Mario

3 Observa la habitación de Mario. Después, contesta a las preguntas, utilizando el marcador de lugar correspondiente.

¿Dónde está el ordenador?

El ordenador está encima de la mesa.

1. ¿Dónde están los libros? Los libros están debajo la silla
2. ¿Dónde está la pelota? La pelota está encima la cama
3. ¿Dónde está el ratón?
4. ¿Dónde están los zapatos?
5. ¿Dónde está el móvil?

4 (51) Ahora escucha a la madre de Mario y completa la tabla, colocando cada cosa en su lugar.

OBJETOS	SU LUGAR

Oposición *ser y estar*

- El verbo ***ser*** expresa cualidades o características:
  *Mis vecinos **son** colombianos.*
  *Mi pueblo **es** muy bonito.*
  *Mis zapatos **son** nuevos.*
  *Mi bicicleta **es** roja.*

- El verbo ***estar*** se usa para expresar lugar o posición.
  *Mis vecinos **están** en Colombia.*
  *Mi pueblo **está** en España.*
  *Mis zapatos **están** encima del armario.*
  *Mi hermano **está** en casa.*

5 Ahora completa las frases con la forma correspondiente del verbo *ser* o *estar*.

1 Las llaves .... encima de la mesa.
2 Mi cometa .... roja y negra.
3 Su familia .... en la playa.
4 Estos muebles .... muy antiguos.
5 Yo .... con mi perro en el jardín.
6 Roberto no .... japonés.
7 La gata .... en el baño.
8 Mi padre .... profesor.
9 Mi ordenador .... viejo.
10 ¿Dónde .... mi móvil?

6 Escribe frases en tu cuaderno utilizando los verbos *ser* y *estar*, a partir de los siguientes pares de palabras.

televisión / salón
La televisión está en el salón.

1 camas / dormitorios
2 niña / pequeña
3 ordenadores / nuevos
4 comida / mesa
5 mis amigos / discoteca
6 el baúl / antiguo

7 Lee la descripción del salón de Guillermo. Después, describe en tu cuaderno el salón de tu casa y dibújalo.

Esta es la casa de Guillermo. En el salón hay un sofá grande y cómodo al lado de la ventana. Hay tres cuadros muy bonitos en la pared, encima del sofá. Delante del sofá hay una mesa pequeña con una alfombra antigua debajo. Al lado del sofá, hay un sillón pequeño y encima de la mesa, una lámpara moderna.

8 Completa la siguiente descripción con la forma correspondiente de los verbos *ser* y *estar*.

Mi pueblo y su castillo

Vivo en Arévalo con mi familia. Arévalo [1] .... en España. ¡[2] .... un pueblo estupendo!

Algunos edificios [3] .... muy antiguos, como el castillo o el Ayuntamiento, que [4] .... en la plaza Real.

Las piscinas [5] .... nuevas y [6] .... detrás del parque. El cine no [7] .... muy grande, pero mis amigos y yo vamos todos los domingos.

Nosotros [8] .... en el equipo de fútbol infantil y [9] .... muy buenos.

1 Lee y escucha.

En casa del abuelo

Abuelo: ¡Hola, chicos!

Julia: ¡Hola, abuelo! Mira, esta es nuestra amiga Graciela.

Abuelo: ¡Hola! ¿Qué tal?

Graciela: Bien, gracias.

Pablo: Abuelo, ¿dónde está mi madre?

Abuelo: Está arriba, en la cocina. ¿Queréis la merienda?

Jorge: Primero, vamos a enseñarle la casa a Graciela.

Julia: Este es el salón. Todos los muebles son muy antiguos. Este baúl es de mi bisabuelo. La mesa y la lámpara son de una tienda de antigüedades.

Graciela: ¿Y este piano?

Pablo: Es el piano de la abuela. Julia y Jorge practican aquí todas las tardes.

Jorge: Vamos a ver el comedor.

La madre de Jorge: ¡Hola, chicos! ¿Queréis un vaso de leche?

Pablo: Sí, vale; y subimos a la habitación a jugar con el ordenador.

La madre de Jorge: De acuerdo. Yo subo la merienda a la terraza.

Graciela: ¡Qué casa más grande!

Julia: ¿Cómo es tu casa de Buenos Aires?

Graciela: Vivimos en un departamento de cuatro habitaciones con un pequeño balcón. Vamos a mi casa y les enseño unas fotos... Pero... ¿dónde están mis llaves? ¡Ah! Están encima de la mesa de mi habitación.

2 Contesta a las preguntas.

1 ¿De quién es la casa?
2 ¿Dónde está la madre de Jorge?
3 ¿Dónde está el piano?
4 ¿De quién es el piano?
5 ¿Dónde está el ordenador?
6 ¿Dónde están las llaves de Graciela?

3 ¿Verdadero o falso?

1 La madre de Jorge está en la terraza.
2 Los muebles del salón son antiguos.
3 El abuelo toca el piano por las tardes.
4 La casa de Pablo y Julia es pequeña.
5 Graciela vive en un piso.
6 El piso de Graciela tiene dos habitaciones.

4 (53) **Escucha y repite.**

- ¿Dónde está mi madre?
- Está en la cocina.
- ¿Dónde están mis hermanos?
- Están en el colegio.

5 Ahora, pregunta y contesta a tu compañero, como en el ejercicio anterior. Utiliza las siguientes palabras.

parque • gimnasio • cafetería • biblioteca • centro cultural
campo de fútbol • restaurante • circo • bolera • cine

1 Alberto

2 Los niños

3 La abuela y sus amigos

4 Juan y su perro

5 Sofía

6 Mi primo Enrique

7 Mis padres

8 Javier y Ana

9 Mis amigos y yo

10 Tú y tus compañeros

6 (54) **Escucha y repite.**

- ¿Cómo es tu casa?
- Mi casa es grande y moderna.

7 Ahora, pregunta y contesta a tu compañero, como en el ejemplo. Utiliza los siguientes adjetivos.

alto/-a • ~~antiguo/-a~~ • grande • pequeño/-a
rojo/-a • rápido/-a • lento/-a

- *¿Cómo es el coche?*
- *Es antiguo y...*

1 coche

2 libros

3 perros

4 jugador de baloncesto

5 moto

6 perro

Pronunciación y ortografía

8 (55) **Escucha y repite.**

ja, je, ji, jo, ju

ge, gi

9 (56) **Escucha y repite.**

julio jugar Japón jirafa jamón

giro gema rojo jefe página

LEER

1 ¿Cómo es tu habitación ideal? Lee estas cuatro descripciones.

Carlos

En las paredes de mi habitación tengo muchas fotografías de mis deportistas favoritos y en el escritorio tengo un ordenador con conexión a internet. Al lado del escritorio hay dos sofás para sentarme con mis amigos y jugar con los juegos de la consola.

Elisa

Mi habitación tiene una ventana muy grande con vistas a mi piscina. Desde la cama veo el jardín y oigo cantar a los pájaros.

Antonio

En mi habitación tengo una cama grande y cómoda. En la pared hay una televisión enorme para ver películas. Al lado de mi cama hay un frigorífico con bebidas frías. También tengo un microondas para hacer palomitas.

Lucía

Mi habitación tiene las paredes pintadas de rosa y un sillón donde me siento por la mañana para escribir mi diario. Siempre escucho música con mi ordenador o con mi MP3.

2 Corrige las siguientes afirmaciones.

1 Elisa vive en un apartamento.
2 El dormitorio de Carlos es pequeño.
3 Lucía tiene una televisión en su habitación.
4 A Antonio no le gusta el cine.

ESCUCHAR

3 (57) Escucha a Pedro, Elena y Luis hablar de sus casas. Los tres viven en Valencia, una provincia cerca del mar. Completa la tabla.

	Pedro	Elena	Luis
Tipo	Piso		chale
Dormitorio	3	4	4
Terraza	Sí	sí	sí
Aparcamiento	No	sí	sí

HABLAR

4 En parejas. A explica cómo es su dormitorio y B dibuja un plano con las explicaciones que le da A.

ESCRIBIR

5 Describe en tu cuaderno tu casa ideal. Para ayudarte, piensa en estas preguntas.

- ¿Dónde está: cerca de la playa; en un pueblo, en una ciudad?
- ¿Cuántos dormitorios tiene?
- ¿Tiene jardín, terraza, patio…?

La vivienda verde

La vivienda ecológica ya es posible: los avances científicos y los nuevos sistemas de construcción posibilitan la existencia de viviendas ecológicas en cualquier lugar del mundo. ¿Qué elementos son los más importantes en una vivienda ecológica?

1 Uso de materiales naturales: evitar los materiales contaminantes (plásticos, PVC...) en mobiliario, decoración, pinturas...

2 Ahorro energético: la vivienda debe generar su propia energía (placas solares), consumir la menor cantidad posible de energía (luces y electrodomésticos de bajo consumo) y tener una correcta orientación solar para ahorrar energía en iluminación y calefacción.

3 Ahorro de agua: depósitos de agua de lluvia, reutilización de agua para el riego...

4 Puertas y ventanas: la vivienda tiene que estar bien aislada (ventanas con doble cristal y puertas bien cerradas) para no consumir mucha energía en calefacción en invierno ni en aire acondicionado en verano.

1 Lee el texto y relaciona cada punto con la imagen correspondiente.

2 Relaciona las siguientes palabras con las definiciones.

avances • contaminar • ahorrar • depósito • calefacción

1 No gastar más de lo necesario. ahorrar
2 Desarrollos tecnológicos. avances
3 Recipiente grande para almacenar. deposito
4 Sistema para calentar una vivienda. calefacción
5 Hacer daño a la naturaleza con sustancias como plástico o petróleo. contaminar

3 Lee el texto otra vez y contesta a las preguntas.

1 ¿Por qué es ahora más fácil construir viviendas ecológicas?
2 ¿Por qué hay que evitar los plásticos en la decoración de la casa?
3 ¿Por qué las casas deben tener placas solares?
4 ¿Para qué se pueden utilizar el agua de la lluvia?
5 ¿Cómo conseguimos ahorrar en calefacción y en aire acondicionado?

4 ¿Y tú qué piensas? ¿Crees que las casas ecológicas son una buena idea? ¿Por qué?

Reflexión y evaluación

GRAMÁTICA

1 Completa las frases con la forma correspondiente de los verbos *ser* o *estar*.

1 El lavabo .... en el cuarto de baño.
2 Mi casa .... grande y nueva.
3 Las palabras .... en el diccionario.
4 Tus muebles .... modernos.
5 Mi padre y yo .... en la terraza.
6 Yo .... en mi habitación.
7 Mi pelota .... roja y amarilla.
8 Lucía no .... en casa.
9 ¿Dónde .... los gatos?
10 ¿Cómo .... tu casa?

2 Contesta a las preguntas, fijándote en los dibujos.

¿Dónde están las llaves?
Encima de la mesa.

1 ¿Dónde está el gato?

2 ¿Dónde está la alfombra?

3 ¿Dónde está el cuadro?

4 ¿Dónde está el coche?

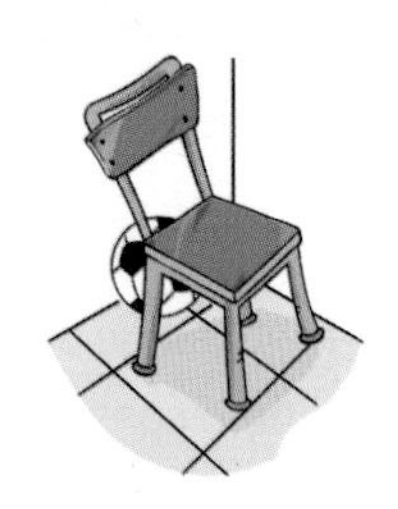

5 ¿Dónde está la pelota?

VOCABULARIO

3 ¿En qué habitación están estos objetos?

la cama • la bañera • el lavabo
el sofá • el frigorífico

COMUNICACIÓN

4 Ordena las conversaciones.

- ¿ / mi / está / abuela / dónde / ?
- el / está / jardín / en

- ¿ / dormitorio / es / tu / cómo / ?
- grande / es / cómodo / y

- ¿ / gata / tu / es / cómo / ?
- negra / blanca / es / y / gata / mi

5 Conversa con tu compañero.

A

- En tu ciudad...
  ¿hay un mercado?
  ¿hay hoteles?
  ¿hay universidad?
  ¿hay jardines grandes?
  ¿hay museos?
  ¿hay monumentos?

- ¿Y dónde está(n)?

B

- Sí, hay uno. Se llama... / Está...
  No, no hay.
  Sí hay.

Autoevaluación

MIS RESULTADOS EN ESTA UNIDAD SON:

Muy buenos
Buenos
No muy buenos

¿A dónde vas?

6

VOCABULARIO	▸ Establecimientos ▸ Marcadores de lugar ▸ Profesiones y lugares de trabajo
GRAMÁTICA	▸ Presente de los verbos irregulares ▸ Imperativo *(tú)* ▸ Análisis de errores
COMUNICACIÓN	▸ Preguntar por acciones de otros ▸ Horarios ▸ La *b* = *v*
DESTREZAS	▸ Madrid ▸ El barrio de mis sueños
CULTURA	▸ Un pueblo medieval

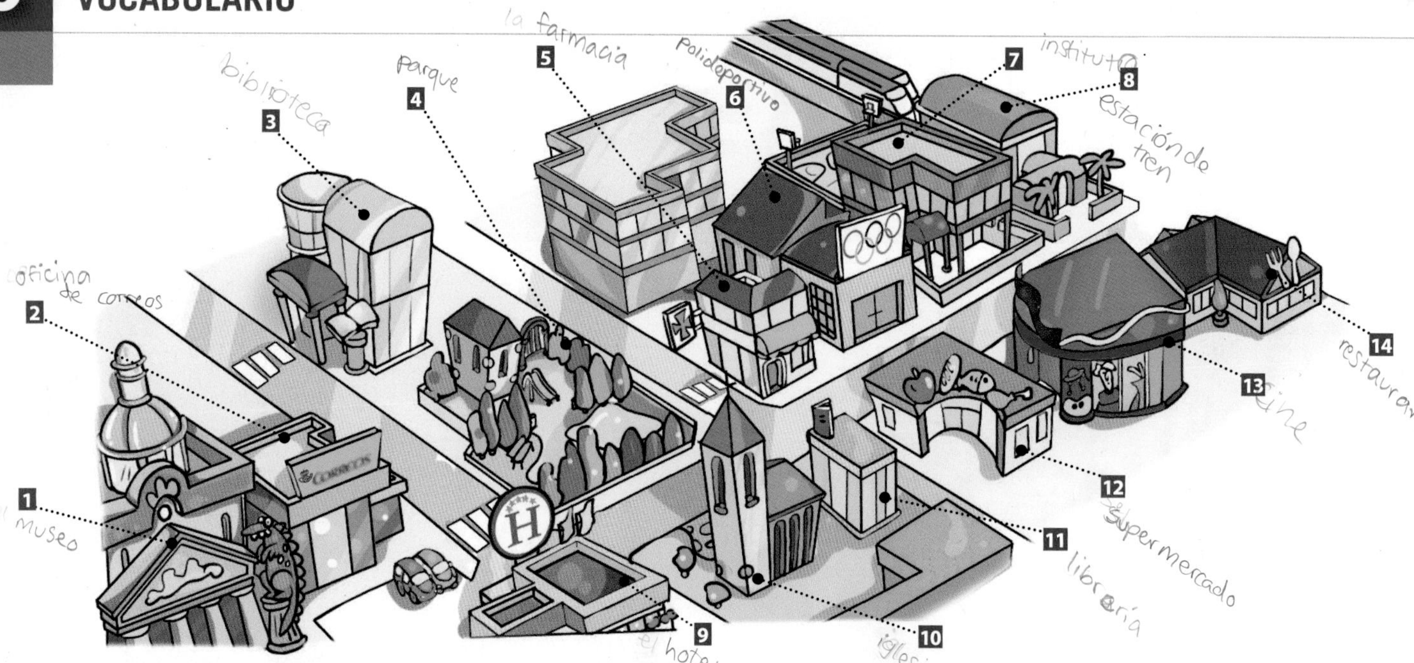

1 Relaciona las palabras con los edificios y comercios del mapa. Después, escucha y comprueba.

restaurante • iglesia • parque • cine • polideportivo
oficina de correos • supermercado • museo • farmacia
librería • biblioteca • estación de tren • instituto • hotel

2 Contesta a las preguntas.

¿Dónde compras alimentos?
En el supermercado.

1 ¿Dónde te prestan libros?
2 ¿Dónde ves películas?
3 ¿Dónde compras medicinas?
4 ¿Dónde ves cuadros y esculturas?
5 ¿Dónde practicas deporte?
6 ¿Dónde envías cartas y paquetes?
7 ¿Dónde compras libros?
8 ¿Dónde paseas entre árboles y plantas?
9 ¿Dónde duermes en vacaciones?
10 ¿Dónde coges el tren?

3 Encuentra los edificios en el mapa.

Está enfrente del cine.
El polideportivo.

1 Está entre la librería y el cine.
2 Está cerca del parque.
3 Está al lado del museo.
4 Está enfrente de la farmacia.
5 Está a la derecha del supermercado.
6 Está al lado de la estación de tren.

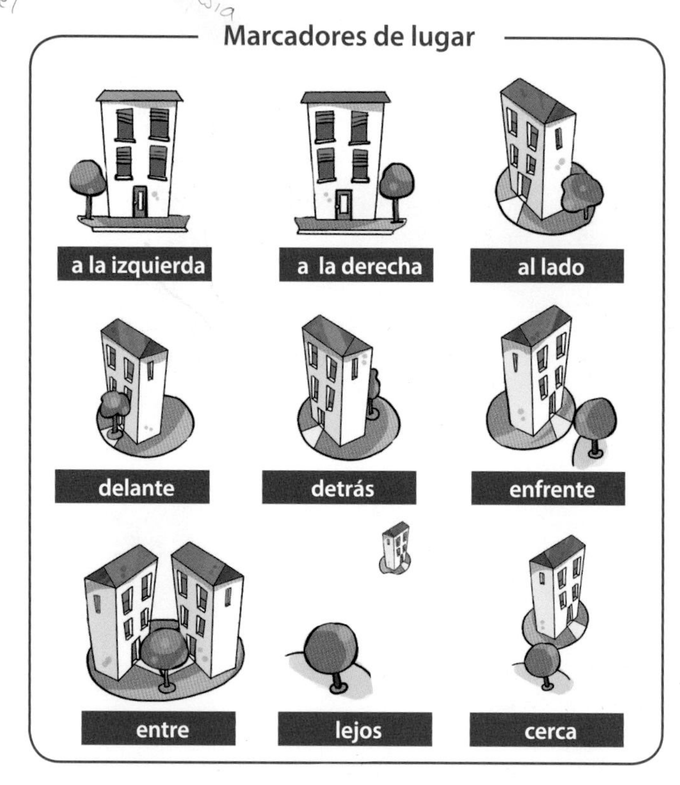

4 Mira el mapa y di dónde están los lugares. Utiliza los marcadores entre paréntesis.

La librería (al lado).
La librería está al lado de la iglesia.

1 La estación de tren (cerca).
2 El supermercado (enfrente).
3 El restaurante (a la derecha).
4 La farmacia (a la izquierda).
5 El polideportivo (entre).
6 La iglesia (lejos).

5 **Mira los dibujos y rodea con un círculo el marcador de lugar correcto.**

El niño está...

1 delante / detrás

2 al lado / detrás

3 al lado / enfrente

4 delante / al lado

5 cerca / entre

6 **Di dónde están estos edificios en tu localidad, como en el ejemplo. Utiliza los marcadores de lugar.**

el cine • la estación de tren • el polideportivo
la oficina de correos • el hospital

• *¿Dónde está tu casa?*
▪ *Enfrente del instituto.*

7 **59** **Escucha cómo Laura le pregunta a Juan sobre dónde van él y sus amigos los fines de semana. Relaciona a los chicos con los lugares.**

1 Juan	a parque
2 Ángel	b museo
3 Roberto	c polideportivo
4 Alba	d biblioteca

8 **59** **Escucha otra vez y relaciona las frases con los chicos del ejercicio anterior.**

A No hace los deberes en casa.

B Su madre trabaja en un instituto.

C Juega al baloncesto los sábados por la mañana.

9 **Relaciona las siguientes profesiones con las fotos.**

bibliotecario • cajera • jardinero • profesora
camarera • médico

10 **60** **Escucha a las siguientes personas hablando de sus profesiones. Después, relaciona las profesiones con los lugares de trabajo.**

Profesiones	Lugares de trabajo
1 cajera	a farmacia
2 camarero	b hospital
3 farmacéutico	c iglesia
4 profesora	d restaurante
5 librera	e supermercado
6 médico	f parque
7 jardinero	g instituto
8 bibliotecaria	h biblioteca
9 sacerdote	i librería

Presente de verbos irregulares

Pronombre sujeto	cerrar	ir	venir	hacer	jugar	dormir
yo	cierro	voy	vengo	hago	juego	duermo
tú	cierras	vas	vienes	haces	juegas	duermes
él / ella / Ud.	cierra	va	viene	hace	juega	duerme
nosotros/-as	cerramos	vamos	venimos	hacemos	jugamos	dormimos
vosotros/-as	cerráis	vais	venís	hacéis	jugáis	dormís
ellos / ellas / Uds.	cierran	van	vienen	hacen	juegan	duermen

1 Rellena los huecos con la forma correcta del verbo.

1 La biblioteca (cerrar) .... a las ocho y media.
2 Laura (hacer) .... los deberes por la tarde.
3 Juan no (venir) .... a mi fiesta.
4 Los supermercados (cerrar) .... los domingos.
5 Mis amigos y yo (ir) .... al gimnasio los martes.
6 ¿Cómo (venir) .... tú al colegio?
7 Yo siempre (cerrar) .... la puerta con llave.
8 Mis hermanos (venir) .... al colegio en autobús.
9 Yo (hacer) .... deporte todos los días.
10 ¿Tú (ir) .... al cine los domingos?

2 Completa las instrucciones con los siguientes imperativos. Hay varias opciones.

corta • ven • abre • dame • escribe
dime • estudia • pega • cierra

1 .... tu cuaderno, por favor.
2 .... las fotos en el álbum.
3 .... la hoja por la mitad.
4 .... el libro por la página cincuenta.
5 .... la ventana. Tengo frío.
6 .... a mi casa esta tarde.
7 .... el ejercicio en la pizarra.
8 .... cómo se llama tu profe.
9 .... los verbos para el examen.

3 Relaciona las imágenes con las siguientes órdenes.

¡Toma uno! ¡Abre la puerta! Escribe tu nombre.
¡Corta el césped! Pega los cromos aquí.

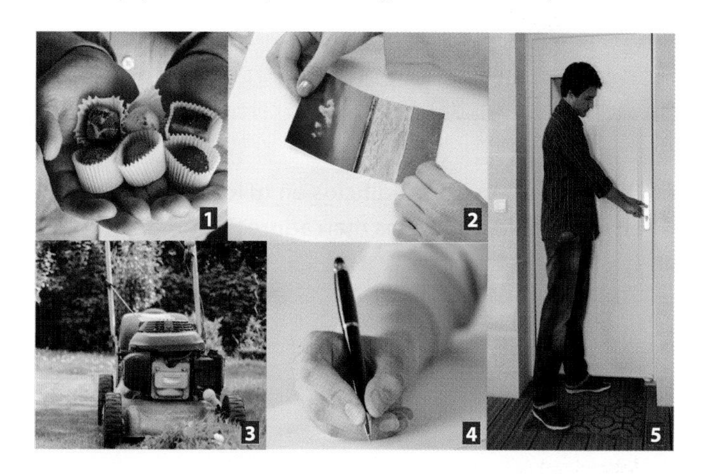

4 En grupos. Escribid cuatro instrucciones en diferentes trozos de papel. Utilizad las siguientes palabras.

Verbos
cortar • cerrar • escribir • abrir • ir • venir

Objetos
trozo de papel • libro • nombre
ventana • pizarra • mesa

- Mezclad los trozos de papel.
- Cada estudiante toma un trozo de papel y lee la instrucción.
- Cada instrucción realizada correctamente es un punto para el equipo.

¡Abre tu libro!

Imperativo

Verbos regulares

Infinitivo	Imperativo
cortar	**corta** (tú)
pegar	**pega** (tú)
abrir	**abre** (tú)
escribir	**escribe** (tú)
aprender	**aprende** (tú)
tomar	**toma** (tú)
dar (a mí)	**da**me (tú)

Verbos irregulares

Infinitivo	Imperativo
cerrar	**cierra** (tú)
venir	**ven** (tú)
poner	**pon** (tú)
ir	**ve** (tú)
hacer	**haz** (tú)
jugar	**juega** (tú)
decir (a mí)	**di**me (tú)

Para aprender

5 Estas frases son de unos estudiantes de español. Corrígelas.

1 ¿A qué hora abre los bancos?
2 Yo cierra la ventana.
3 Mi casa es al lado del colegio.
4 ¿Cómo viene tú al instituto?
5 ¿Nosotros vais a la piscina?
6 Julia, abri la puerta.
7 Pablo, cerra la ventana.

6 Lee el texto.

EN CUBA: música en la calle.

A Lucumí, un niño cubano de doce años, le gusta mucho la percusión. Él y sus amigos tocan con latas de conserva y cubos de basura, mientras las niñas cantan y bailan. En las calles se respira alegría. Un día, Lucumí conoce a un músico cubano y gracias a él aprende a tocar el tambor y otros instrumentos de percusión. Lucumí cierra los ojos para sentir mejor el ritmo. Su sueño es ser algún día el mejor percusionista de Cuba.

7 Ahora responde a las preguntas.

1 ¿De dónde es Lucumí?
2 ¿Qué hacen las niñas mientras los niños tocan?
3 ¿Quién le enseña a Lucumí a tocar los instrumentos de percusión?
4 ¿Cuál es su sueño?
5 ¿Cuántos años tiene Lucumí?

8 (61) Fabrica tu propio tambor. Ordena las instrucciones y relaciónalas con los dibujos. Después, escucha y comprueba tus respuestas.

- ✓ Pega cada círculo en uno de los extremos de cada tubo.
- ✓ Corta un tubo de cartón en tres trozos.
- ✓ Pinta los tambores con los colores vivos.
- ✓ Recorta tres círculos de plástico adhesivo.
- ✓ Pégalos entre sí con cinta adhesiva. Ahora vamos a la plaza a bailar al ritmo del tambor.

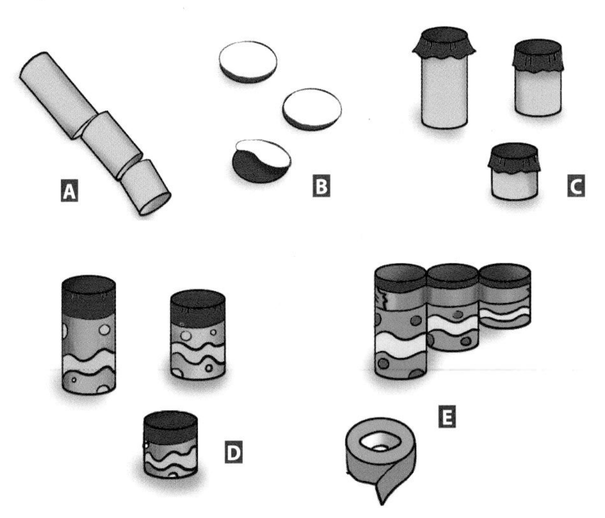

1 62 **Lee y escucha.**

¿A dónde vas?

Graciela: ¡Hola! ¿A dónde vas?

Jorge: Voy a la biblioteca. Necesito un libro para la clase de naturales. ¿Vienes conmigo?

Graciela: Bueno, pero… ¿a qué hora cierra?

Julia: A las ocho y media.

Pablo: Tenemos tiempo. Vamos ahora mismo.

Bibliotecaria: ¡Hola, chicos! Tengo un trabajo para vosotros: el próximo mes es la Fiesta Mayor y el ayuntamiento publica una revista sobre el pueblo. ¿Por qué no ayudáis?

Julia: ¡Estupendo! ¿Qué hacemos?

Bibliotecaria: Todo vale: entrevistas, reportajes, noticias… Un poco de imaginación y a trabajar.

Julia: Yo necesito un cuaderno para las entrevistas.

Jorge: ¿Ah, sí? Hay una papelería en la calle Zapateros.

Julia: ¿Sí? ¿Cuál?

Pablo: Sí, una que está al lado de la farmacia.

Graciela: ¿Cómo vamos, caminando o en bici?

Jorge: Mejor en bici. Yo voy a la oficina de correos y entrevisto al cartero. Pablo, ¿tú a dónde vas?

Pablo: Yo voy a la granja del tío Justo para fotografiar a sus animales.

Julia: Nosotras vamos al polideportivo y a la pizzería nueva. Por cierto, ¿a qué hora abren?

Jorge: A las siete. Vamos ahora y nos llevamos una pizza para cenar.

2 Contesta a las siguientes preguntas.

1. ¿Por qué va Jorge a la biblioteca?
2. ¿Quién publica la revista?
3. ¿Quién necesita un cuaderno?
4. ¿Cómo va Jorge a la oficina de correos?
5. ¿Quién tiene una cámara?
6. ¿A dónde van Graciela y Julia?

3 ¿Verdadero o falso?

1. La biblioteca cierra a las ocho de la tarde.
2. La bibliotecaria publica una revista.
3. El próximo fin de semana es la Fiesta Mayor.
4. La papelería está cerca de la farmacia.
5. Van a la papelería en bicicleta.
6. Pablo entrevista al cartero.

4 **Mira la agenda de Lorena y pregunta y contesta a tu compañero, como en el ejemplo.**

- *¿A dónde va Lorena el lunes?*
- *El lunes va a la piscina.*

Lunes	Piscina
Martes	Supermercado
Miércoles	Biblioteca
Jueves	Clase de guitarra
Viernes	Cine
Sábado	Casa de los abuelos
Domingo	Iglesia

5 **Haz tu propia agenda y pregunta y contesta a tu compañero, como en el ejemplo.**

- *¿A dónde vas el lunes?*
- *El lunes voy a…*

¡OBSERVA!

- *De 6 h a 12 h de la mañana*
- *De 12 h a 15 h del mediodía*
- *De 15 h a 20 h de la tarde*
- *De 21 h a 24 h de la noche*
- *De 12 h a 5 h de la madrugada*

6 **Observa los carteles y pregunta a tu compañero, como en el ejemplo.**

- *¿A qué hora abre la biblioteca?*
- *A las cinco de la tarde.*
- *¿Y a qué hora cierra?*
- *A las ocho y media de la tarde.*

PISCINA
ABIERTO
de 16:30 h a 22 h

MUSEO
Abierto
de 9 h a 24 h

Biblioteca
HORARIO
de 17 h a 20:30 h

INSTITUTO
Horario de
8:15 h a 14:45 h

7 **¿Cómo van a clase?**

Carmen / tren

- *¿Cómo va Carmen a clase?*
- *Va en tren.*

1 Laura y Carlos / andando

2 Pedro / moto

3 David y Sergio / bici

4 María / autobús

Pronunciación y ortografía

8 63 **Escucha y repite.**

abuelo **vienes** **vamos** **bien**
bueno **ven** **vivimos** **bebemos**

b = *v*

9 **Completa con *b* o *v*.**

1 Juan estudia en su ha.....itación.
2 Elena .....e.....e agua.
3 Graciela .....i.....e en un pueblo.
4 ¿.....amos a la .....i.....lioteca?
5 Jorge tiene un .....alón.

LEER

1 Lee el siguiente texto sobre Madrid.

Madrid

Madrid está en el centro de España. Es una ciudad muy grande, tiene más de tres millones de habitantes. Es una ciudad moderna con edificios altos y avenidas anchas. Pero también tiene barrios con casas antiguas y calles estrechas.

Además, aquí está uno de los museos de pintura más importantes del mundo, el Museo del Prado. Los transportes públicos son buenos y no son caros. Se puede recorrer la ciudad en metro o en autobús. O también se puede pasear por El Retiro, el parque más famoso. Pero una de las cosas que más les gusta a los turistas que la visitan es la vida nocturna. Por la noche, mucha gente sale a los teatros, cines, discotecas y conciertos de música clásica.

2 Corrige las siguientes afirmaciones. Escribe las respuestas en tu cuaderno.

Madrid está al lado del mar.
Madrid está en el centro de España.

1 Madrid es una ciudad pequeña y antigua.
2 Los transportes públicos de Madrid son viejos y caros.
3 En Madrid no hay metro.
4 A los turistas les gusta la playa.

ESCUCHAR

3 (64) ¿Conoces estas palabras: *rectángulo, triángulo, cuadrado, círculo*? Escucha y sigue las instrucciones.

ESCRIBIR

4 Describe el barrio de tus sueños. Lee este modelo.

En el barrio de mi sueños hay un campo de fútbol muy grande.
No pasan coches por la calle, la gente va en autobús. También hay dos piscinas, una de invierno y otra de verano. Al lado de mi colegio hay una tienda que vende chucherías: patatas fritas, frutos secos, caramelos y chicles. Enfrente del colegio hay un local para jugar con máquinas y videoconsolas: son gratis, no hay que pagar. Es un barrio estupendo.

HABLAR

5 Habla con tu compañero sobre el barrio de vuestros sueños. Pregúntale y anota las respuestas.

1 ¿Tu barrio tiene piscina?
2 ¿En tu barrio hay coches, autobuses, metro?
3 ¿Dónde está la pastelería?
4 ¿Cuántos campos de fútbol tiene?
5 ¿Qué hay al lado del colegio?
6 ¿Qué hay al lado de tu casa?

1 [65] **Lee y escucha el texto sobre Pedraza y relaciona los párrafos con las imágenes.**

CONOCE LOS PUEBLOS DE ESPAÑA

1. Pedraza es un pueblo medieval, con casas de piedra y rodeado por una muralla. Está situado en una colina con preciosas vistas de la sierra. Pertenece a la provincia de Segovia y está a 125 kilómetros de Madrid. Para ir a Pedraza necesitamos ir en coche o coger el autobús, porque no hay estación de tren.

2. En Pedraza no hay edificios nuevos. La mayoría de su arquitectura pertenece a los siglos XVI y XVII. En el pueblo hay varias tiendas de muebles antiguos. También hay varios hoteles pequeños. Es maravilloso pasear por el pueblo, disfrutar de la tranquilidad de sus calles, visitar su castillo con su museo de pintura, sus iglesias… Tiene una preciosa plaza mayor con bares y restaurantes, donde podemos comer cordero asado, el plato típico de la zona, conocido en toda España.

3. Durante el primer fin de semana del mes de julio sus habitantes celebran la Fiesta de las Velas. Todos los vecinos apagan las luces e iluminan las calles con velas. Durante estos días hay distintos conciertos de música clásica. ¡Es un pueblo muy especial para conocer la cultura rural del interior de España!

2 **Lee el texto otra vez y elige las palabras correctas.**

1. Pedraza es un pueblo **moderno / antiguo**.
2. En Pedraza no hay **estación de autobuses / estación de tren**.
3. En Pedraza podemos realizar diferentes actividades **culturales / deportivas**.
4. Mucha gente va a Pedraza durante todo el año a **comer cordero / escuchar música clásica**.
5. Durante **dos días / todo el mes de julio** las calles de Pedraza están iluminadas con velas.

3 **Comenta con tus compañeros.**

1. ¿Hay pueblos medievales en tu país?
2. Habla sobre alguno de ellos: ¿cómo se llama?, ¿dónde está?, ¿cómo son sus fiestas tradicionales?...
3. ¿Te gusta visitar pueblos?

Reflexión y evaluación

GRAMÁTICA

1 Completa las frases con la forma correcta del verbo.

1 La bibliotecaria (cerrar) .... la biblioteca a las ocho y media.
2 Mi perro y yo (ir) .... al parque por las tardes.
3 Yo (venir) .... con mi hermano al instituto todas las mañanas.
4 Los supermercados (cerrar) .... a las ocho de la tarde.
5 Yo (hacer) .... yoga.

2 Completa las órdenes con el imperativo de los siguientes verbos.

dar (a mí) • venir • cerrar • escribir • abrir • cortar

1 .... el pan con un cuchillo.
2 .... con buena letra.
3 Mamá, ... dinero para un boli.
4 .... la ventana. Hay mucho humo.
5 .... el libro y.................... a la pizarra.

VOCABULARIO

3 Nombra los lugares.

1

2

3

4

4 ¿Dónde trabajan?

el / la médico/-a *en el hospital*

1 el / la librero/-a
2 el / la profesor/-a
3 el / la jardinero/-a
4 el / la farmacéutico/-a
5 el / la bibliotecario/-a
6 el / la dependiente/-a

5 Relaciona los lugares con sus actividades.

1 polideportivo	a comprar comida
2 supermercado	b comprar medicinas
3 restaurante	c comer
4 museo	d ver películas
5 farmacia	e ver obras de arte
6 cine	f jugar al tenis y nadar

6 ¿Dónde está la manzana?

La manzana está...

1 .... de la cesta.

2 .... de la cesta.

3 .... de la cesta.

4 .... de la cesta.

5 .... las cestas.

COMUNICACIÓN

7 Ordena las conversaciones.

- ¿ a / los / dónde / lunes / vas / ?
- supermercado / voy / al

- ¿ / hora / supermercado / qué / cierra / el / a / ?
- ocho / a / y / las / cuarto

- ¿ / vienes / dónde / de / ?
- del / vengo / polideportivo

Autoevaluación

MIS RESULTADOS EN ESTA UNIDAD SON:

Muy buenos
Buenos
No muy buenos

Ahora puedes hacer el Proyecto 2 (páginas 104-105)

Hábitos

7

VOCABULARIO	▸ Meses del año ▸ Animales domésticos y salvajes
GRAMÁTICA	▸ Verbos reflexivos ▸ Oposición *salir / volver* ▸ Preposiciones *(a, de, por, con, en)* ▸ Signos de puntuación
COMUNICACIÓN	▸ Hablar de hábitos diarios ▸ Entonación interrogativa y exclamativa
DESTREZAS	▸ La rutina del cuidador de zoo ▸ La historia de Budi
CULTURA	▸ EL Zoo-Aquarium de Madrid

1 Escribe los meses del año en el orden correcto. Después, escucha, comprueba y repite.

abril • julio • octubre • enero • noviembre • mayo • febrero • diciembre • junio • septiembre • marzo • agosto

2 ¿En qué meses son las diferentes estaciones en tu país?

Los meses de verano son...

verano

3 Pregúntale a cuatro compañeros, como en el ejemplo, y completa la tabla.

- *¿Cuándo es tu cumpleaños, Laura?*
- *Mi cumpleaños es en diciembre.*

Nombre	Cumpleaños
Laura	*diciembre*

4 Escucha a Elena hablando de las fiestas españolas y escribe en tu cuaderno las fechas que oyes.

Año Nuevo • Reyes • Fiesta Nacional • Navidad
Día del Padre • Día de la Madre • cumpleaños de Elena

5 Escucha y repite los nombres de los siguientes animales.

1 vaca

2 oveja

3 león

4 elefante

5 serpiente

6 delfín

7 gallina

8 cerdo

9 mono

10 tiburón

11 caballo

6 Completa la tabla con los animales del ejercicio anterior. Después, añade otros animales que tú conozcas.

Animales domésticos	*vaca*
Animales salvajes	*león*

7 ¿Qué animales escuchas?

8 Lee y escucha el texto. Después, responde a las preguntas del test.

El nacimiento de un potro

Rayo acaba de nacer. Su madre, la yegua, lava al potro de los pies a la cabeza. Rayo se despierta y respira con más fuerza. Una hora después se pone de pie. ¡Qué largas y delgadas son sus patas! El primer día, el potro duerme, mama y se vuelve a dormir.

Durante los primeros meses, el potro mama veinte litros de leche al día. También come un poco de hierba. Engorda un kilo cada día. Juega con su madre en la pradera.

Detrás de su simpática y tranquila mirada tal vez se esconde un futuro gran campeón.

TEST

1 El potro se pone de pie:
- **a** media hora después de nacer.
- **b** dos horas después de nacer.
- **c** una hora después de nacer.

2 Al principio, el potro mama:
- **a** 10 litros de leche diarios.
- **b** 20 litros de leche diarios.
- **c** 5 litros de leche diarios.

3 Sus patas son:
- **a** gruesas y cortas.
- **b** largas y gruesas.
- **c** delgadas y largas.

4 Los primeros meses, el potro come:
- **a** solo leche.
- **b** leche y hierba.
- **c** solo hierba.

5 El primer día de su vida, el potro:
- **a** mama y duerme.
- **b** mama y corre.
- **c** come y salta.

6 Rayo juega en la pradera con:
- **a** la yegua.
- **b** otros potros.
- **c** su padre.

Verbos reflexivos: presente

Pronombre sujeto	ducharse	acostarse	sentarse	ponerse	vestirse
yo	me ducho	me acuesto	me siento	me pongo	me visto
tú	te duchas	te acuestas	te sientas	te pones	te vistes
él / ella / Ud.	se ducha	se acuesta	se sienta	se pone	se viste
nosotros/-as	nos duchamos	nos acostamos	nos sentamos	nos ponemos	nos vestimos
vosotros/-as	os ducháis	os acostáis	os sentáis	os ponéis	os vestís
ellos / ellas / Uds.	se duchan	se acuestan	se sientan	se ponen	se visten

1 Rellena los huecos con la forma correcta del verbo.

1 Juan (ducharse) .... todas las mañanas.
2 Mis hermanos (levantarse) .... muy temprano.
3 Yo (lavarse) .... la cabeza con champú de avena.
4 ¿Tú (ducharse) .... todos los días?
5 Nosotros (lavarse) .... las manos antes de comer.
6 ¿Vosotros (acostarse) .... antes de las once?
7 Mi tío Luis (ducharse) .... con agua fría.
8 Pablito, ¿por qué no (ponerse) .... el pijama para dormir?
9 ¿A qué hora (levantarse, tú) ....?
10 Carlitos (vestirse) .... solo.

2 Completa los huecos con uno de los siguientes verbos.

levantarse • lavarse (x2) • acostarse • sentarse
ponerse • ducharse • bañarse (x2) • vestirse

1 En verano yo .... en el mar.
2 ¿(Tú) .... la cabeza todos los días?
3 ¿A qué hora .... vosotros por la mañana?
4 Mi padre siempre .... en el mismo sillón.
5 En invierno (nosotros) .... con agua caliente.
6 Mis hermanos .... muy tarde.
7 Mi hermano siempre .... a la moda.
8 Cuando voy a la playa, ... unas chanclas.
9 Rosa .... las manos con jabón.
10 Rafa y Mayte no .... en la playa.

3 Escribe lo que hacen estas personas.

mi madre / ducharse
Mi madre se ducha.

1 nosotros / vestirse

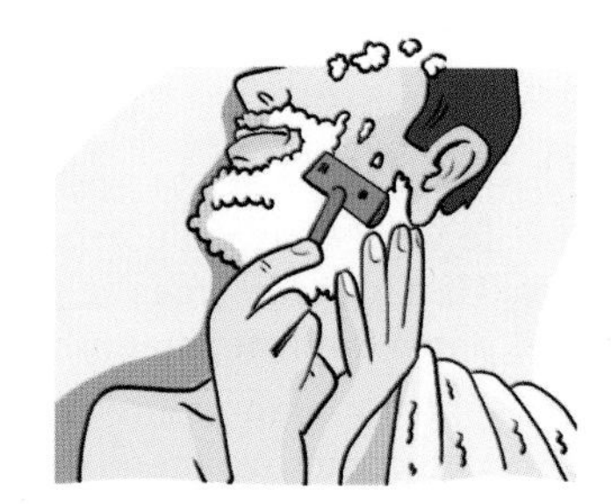

2 mi padre / afeitarse

3 ellos / levantarse / a las ocho

4 la niña / lavarse / las manos

5 yo / acostarse / tarde

Verbos *salir* y *volver*

Pronom. sujeto	salir	volver
yo	salgo	vuelvo
tú	sales	vuelves
él / ella / Ud.	sale	vuelve
nosotros/-as	salimos	volvemos
vosotros/-as	salís	volvéis
ellos / ellas / Uds.	salen	vuelven

Uso de las preposiciones

- ***Salgo de*** *casa muy temprano.*
- *Mi padre* ***vuelve a*** *las ocho.*
- *Ana* ***viene al*** *colegio en autobús.*
- ***Llego a*** *la escuela* ***a*** *las ocho y media.*
- ***Voy a*** *la biblioteca* ***por*** *las tardes.*
- ***Juego en*** *el parque* ***con*** *mis amigos los domingos.*
- *Siempre* ***llamo a*** *mis padres cuando llego tarde a casa.*

4 Completa con las preposiciones *a, de, con, por.*

1 Julieta se levanta .... las seis .... la mañana.
2 Mi padre trabaja .... la mañana y .... la tarde.
3 .... la tarde mi instituto está cerrado.
4 ¿........ quién vas al cine?
5 ¿........ dónde vienes?

5 Completa el texto con la preposición adecuada.

Mi fin de semana

Los sábados salgo [1] *de* casa pronto y llamo [2] .... mis amigos. Mis amigos y yo llegamos [3] .... polideportivo a las once de la mañana y jugamos [4] .... el equipo del colegio. Después vamos [5] .... parque y nos encontramos con los otros compañeros. [6] .... las seis de la tarde voy [7] .... cine y llego [8] .... casa antes de cenar. Los domingos mis abuelos vienen [9] .... comer. Después de comer, mi familia y yo no salimos. [10] .... la tarde, juego [11] .... el ordenador. Me voy [12] .... la cama temprano.

6 Escribe a qué infinitivos pertenecen las siguientes formas verbales.

salimos *salir*

1 llego
2 viene
3 jugamos
4 voy
5 vuelvo
6 llamas

7 Construye frases, como en el ejemplo.

Teresa / levantarse / a las ocho.
Teresa se levanta a las ocho.

1 Mi hermano / ducharse / por la noche.
2 Nosotros / salir / del colegio a las dos y media.
3 ¿Vosotros / lavarse / con agua fría?
4 Yo / acostarse / antes de las once.
5 Elena y Marisa / llegar / a casa antes de comer.
6 ¿Tú / jugar / al fútbol los domingos por la tarde?
7 ¿A qué hora / volver (tú) / del colegio?

Para aprender

8 Relaciona.

1 **¿**Dónde vives**?**
2 **A** mí me gustan las tortugas.
3 **¡**Qué gato tan bonito**!**
4 Pablo**,** ven aquí.
5 Todos los días veo la tele**.**
6 ¿C**ó**mo te llamas?

a Punto
b Coma
c Mayúscula
d Interrogación
e Admiración
f Acento

9 Escribe los signos de puntuación que faltan en las frases siguientes.

1 Estupendo
2 A qué hora sales de casa
3 Hoy no quiero más helado
4 Hola qué tal
5 Cristina cierra la ventana
6 Cómo vas a clase

1 Lee y escucha.

¿A qué hora te levantas?

Jorge: Estamos con el tío Justo en su granja. Cuéntanos, ¿a qué hora te levantas?

Justo: Todos los días me levanto muy temprano, a las seis, para ordeñar las vacas. Después salgo al campo con el tractor. Llego a casa por la tarde.

Pablo: ¿A qué hora te acuestas?

Justo: Cuando llego a casa, riego el huerto y ceno. Después de cenar, veo la televisión y me acuesto.

Jorge: Gracias, Justo. Tu información es muy interesante para nuestros lectores.

Julia: Estamos en la nueva pizzería. Con nosotros está Gofredo, el cocinero. ¿A qué hora abrís el restaurante?

Gofredo: Yo vengo a las once de la mañana y preparo todos los ingredientes. Pero el restaurante no se abre hasta la una de la tarde.

Graciela: Y por la noche, ¿a qué hora volvés a tu casa?

Gofredo: La cocina cierra a las once y media de la noche. Pero nosotros nos vamos más tarde. Por cierto... ¿os quedáis a comer?

2 Contesta a las siguientes preguntas.

1 ¿Dónde trabaja el tío Justo?
2 ¿Cuándo ve la televisión?
3 ¿A quién entrevistan Julia y Graciela?
4 ¿A qué hora abre el restaurante?

3 ¿Verdadero o falso?

1 El tío Justo sale al campo con las vacas.
2 Por la tarde, el tío Justo riega el huerto.
3 Gofredo llega al restaurante a las doce de la mañana.
4 El cocinero es francés.

4 Ordena la conversación.

- ¿ / hora / a / levantas / qué / te / ?
- a / y / levanto / las / me / media / siete
- ¿ / sales / a / de / qué / casa / hora / ?
- las / cuarto / salgo / ocho / a / y

5 Pregúntale a tu compañero, como en el ejemplo. Utiliza los siguientes verbos.

salir de casa • llegar a casa
comer • hacer los deberes • acostarse

- *¿A qué hora te levantas?*
- *Me levanto a las ocho de la mañana.*

6 Pregunta a tu compañero sobre su vida diaria.

¿A qué hora / levantarse?
¿A qué hora te levantas?

1 ¿Qué / desayunar?

2 ¿A qué hora / salir / de casa?

3 ¿Dónde / comer?

4 ¿Qué / hacer / después de clase?

5 ¿A qué hora / volver / a casa?

6 ¿A qué hora / ver / la televisión?

7 ¿A qué hora / acostarse?

7 Escribe un texto con la información que te ha dado tu compañero.

Mi compañero se levanta...

8 (72) Escucha una entrevista con Enrique, un alumno de secundaria en un colegio interno, y completa la información sobre cómo es su vida normalmente.

6:45 *se levanta*

a 7:00 – 7:45
b 8:00 – 17:00
c 14:00
d 17:30 – 19:00
e 21:00
f 22:30

9 (72) Vuelve a escuchar la entrevista y responde a las preguntas.

1 ¿Qué actividades hace Enrique después de las clases?
2 ¿Qué hace los fines de semana?

10 Escribe qué haces los domingos. Utiliza los siguientes verbos.

levantarse • ir • jugar • ver • comer
llegar • ducharse • cenar

Pronunciación y ortografía

11 (73) Escucha y repite.

- ¡Mira, un león!
- ¡Vamos!
- ¿A qué hora te levantas?

12 (74) Escucha y escribe el signo adecuado: ¿?/¡!

1 Qué comes
2 Qué grande es
3 Estupendo
4 Cierra la ventana
5 A dónde vas
6 Qué dice Luis

13 (74) Escucha otra vez y repite.

LEER

1 Lee el texto y responde a las preguntas.

Un día en el zoo

Pedro Martínez es cuidador del zoo de Madrid. Su trabajo empieza muy temprano, a las ocho. Primero da de comer a los mamíferos: leones, ciervos, cebras. Luego va al terrario donde están las serpientes y las boas. Por último, desayunan las aves, que se despiertan más tarde.

Después del desayuno viene la limpieza de las jaulas y camas de los animales que tiene a su cargo. Si hay algún animal enfermo, Pedro llama al veterinario y lo ayuda. Así pasa la mañana, hasta las dos de la tarde: para una hora para comer y hablar con los compañeros del zoo. Por la tarde, Pedro recorre el zoo para controlar y vigilar a sus amigos. A todos los conoce por su nombre. A las cinco de la tarde termina su trabajo.

1 ¿Qué animales desayunan primero?
2 ¿Qué hace Pedro después de dar el desayuno a sus animales?
3 ¿Quién visita a los animales enfermos?
4 ¿Cuánto tiempo tiene Pedro Martínez para comer?

ESCUCHAR

2 (75) Escucha la historia sobre Budi, un orangután, y di si estas afirmaciones son verdaderas o falsas. Corrige las respuestas falsas.

1 Durante sus primeros meses de vida, Budi vive en una jaula.
2 Durante solo tres meses Budi se alimenta con leche condensada.
3 Ahora, Budi tiene anemia, pero puede moverse.
4 Actualmente Budi vive en Indonesia.
5 Veterinarios británicos ayudan a Budi a recuperarse.

ESCRIBIR

3 ¿Tienes un animal en casa? Contesta a las siguientes preguntas y luego escribe un párrafo en tu cuaderno. Si no tienes ningún animal, pregunta a algún amigo.

- ¿Cómo se llama?
- ¿Cuántos años tiene?
- ¿Es grande o pequeño?
- ¿Qué come?
- ¿Dónde duerme?
- ¿Cuántas horas duerme?
- ¿Qué le gusta hacer?

Mi animal es un... Se llama... Tiene... años...

HABLAR

4 En grupos de cuatro, hablad sobre animales. El secretario toma nota, escribe las conclusiones y las lee al resto de la clase. Piensa en las siguientes preguntas.

¿Te gustan los animales?

¿Cuáles te gustan más, los salvajes o los domésticos?

¿Qué animales te dan miedo?

¿Tienes un animal en casa? ¿Cómo es? ¿Qué hace?

UN RECORRIDO APASIONANTE *por los 5 continentes*

El Zoo-Aquarium de Madrid es uno de los más interesantes del mundo: no solo por su extraordinaria colección de animales, sino por su labor educativa, investigadora y conservadora.

La educación es uno de los objetivos principales de todos los zoos y acuarios modernos, ya que ayudan a la sociedad a CONOCER, APRECIAR, RESPETAR y a ENTENDER la naturaleza. El Departamento de Educación del Zoo-Aquarium de Madrid tiene como objetivo concienciar y formar medioambientalmente a todos los que lo visitan y ofrece visitas adaptadas a todas las etapas y ciclos educativos: todas sus actividades están dirigidas por un educador medioambiental.

Descubriendo a los animales

El objetivo es que los estudiantes descubran la variedad del mundo animal, así como desarrollar en ellos valores de respeto y cuidado de la naturaleza.

Biodiversidad

Con esta actividad los alumnos toman conciencia de la diversidad de seres vivos que existe en nuestro planeta y aprenden la importancia de conservarla.

Conservación

Concienciar a los alumnos de la importancia de mantener una actitud respetuosa con la naturaleza. Ellos mismos identifican los problemas y encuentran las soluciones.

Ecosistemas

El objetivo es conocer los principales ecosistemas, sus características más importantes, así como los animales que habitan en ellos; también los cambios que la acción del hombre provoca en ellos.

Campamentos de Navidad Semana Santa / Verano

El departamento de Educación del Zoo-Aquarium de Madrid ofrece la posibilidad de divertirse aprendiendo durante las vacaciones escolares: Navidad, Semana Santa y verano. Una posibilidad única de tener un contacto directo con los animales, sus cuidadores y todo el personal del Zoo.

Fuente: *http://zoomadrid.com*

1 (76) **Lee y escucha. Después, contesta a las preguntas.**

1 ¿Qué objetivo común tienen los zoos modernos?
2 ¿Trabajan los alumnos solos cuando realizan una actividad?
3 Cita al menos tres cosas sobre las que los alumnos que realizan estas actividades deben tomar conciencia.
4 ¿Cuál es la causa principal que provoca variaciones en un ecosistema?
5 ¿Qué ventajas tiene la realización de estas actividades fuera del horario escolar?

2 **Comenta con tu compañero.**

- ¿Hay un zoo en tu ciudad? ¿Cómo es?
- ¿Participas en alguna de sus actividades?

Reflexión y evaluación

GRAMÁTICA

1 Completa las siguientes frases con la forma correcta del verbo.

1 Yo (acostarse) .... temprano.
2 ¿A qué hora (ducharse) .... tú?
3 Alicia no (acostarse) .... antes de las once.
4 Cuando nos levantamos, (lavarse) .... la cara.
5 Juan y Antonio siempre (ducharse) .... con agua fría.
6 ¿En verano (bañarse, vosotros) .... en la piscina?
7 Mi hermano (afeitarse) .... por la mañana.
8 ¿A qué hora (acostarse) .... ellos?
9 ¿Cuándo (lavarse, tú) .... el pelo?

2 Construye frases según el modelo.

Elena se baña.
Yo me baño.

1 ¿Vosotros os ducháis por la mañana?
¿Tú ....?
2 Nosotros nos levantamos temprano.
Alfonso ....
3 Los domingos me quedo en casa.
(Nosotros) ....
4 Juan se afeita todos los días.
Mis hermanos ....
5 Yo me acuesto a las once de la noche.
Vosotros ....

3 Construye frases con las siguientes palabras.

Mi padre / volver / ocho de la tarde.
Mi padre vuelve a las ocho de la tarde.

1 Yo / ir / cine los domingos.
2 ¿A qué hora / salir (tú) / casa?
3 Mi compañero / llegar / tarde / instituto.
4 ¿(Nosotros) jugar / tus hermanos?
5 Juan y Pedro / ir / casa de sus abuelos.
6 ¿A qué hora / volver (ustedes) / los domingos?
7 ¿Venir (tú) / cine / conmigo?
8 Ella / salir / tarde / casa.

VOCABULARIO

4 ¿Qué mes es?

1 Soy el sexto mes del año.
2 Tengo solo 28 días.
3 Mi nombre solo tiene cuatro letras.
4 Soy el primero del año.
5 Voy antes que noviembre.
6 Voy detrás de junio.

5 Escribe el nombre de los siguientes animales.

COMUNICACIÓN

6 Pregunta a tu compañero cuándo hace las siguientes actividades.

ACTIVIDAD	COMPAÑERO
Hacer deporte	
Navegar por internet	
Ver la tele	
Ir al cine	
Viajar	

Autoevaluación

MIS RESULTADOS EN ESTA UNIDAD SON:

Muy buenos

Buenos

No muy buenos

Descripciones

8

VOCABULARIO ▶ El cuerpo humano ▶ Práctica del surf

GRAMÁTICA ▶ Verbo *doler* ▶ Verbos *doler* y *gustar* ▶ *Muy, mucho/-a/-os/-as* ▶ Abreviaturas de los diccionarios

COMUNICACIÓN ▶ Descripción de personas ▶ Expresar identidad ▶ El sonido /k/

DESTREZAS ▶ La pandilla de Marta

CULTURA ▶ La semana azul

1 Escucha y repite. A continuación, relaciona las palabras con las partes del cuerpo de la imagen de la derecha.

cabeza • brazo • pecho • mano • estómago
dedos • pierna • pie • cuello • espalda

¡RECUERDA!

	masculino	femenino
singular	pelo **negro**	boca **pequeña**
plural	ojos **negros**	orejas **pequeñas**

2 Relaciona las siguientes palabras con las distintas partes de la cabeza. Después, escucha y comprueba.

oreja • ojo • cara • pelo • nariz • labios
dientes • muelas • boca

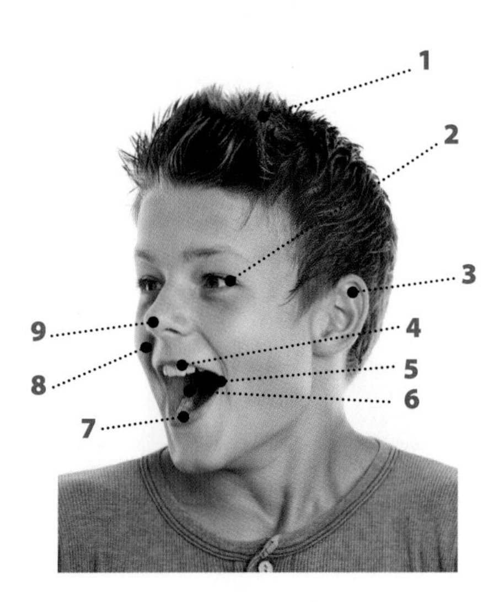

3 Completa las siguientes frases con partes del cuerpo.

1 Al final de tu pierna está el ....
2 Al final de tu pie están los ....
3 Los adultos, normalmente, tienen treinta y dos ....
4 Utilizas tus .... para oír.
5 Utilizas tus .... para leer.
6 Al final de tu brazo está la ....
7 Tu mano tiene cinco ....
8 Cuando comes, la comida va a tu ....

4 Lee la descripción y dibuja el monstruo en tu cuaderno.

El monstruo de las nieves

El monstruo tiene una cabeza enorme con el pelo largo. Tiene dos orejas pequeñas, un ojo grande y rojo y dos narices. Su boca es grande y tiene tres dientes y cuatro muelas y unos labios verdes.

Tiene dos brazos largos con las manos muy pequeñas. Tiene tres piernas largas con sus tres pies. Cada pie tiene dos dedos.

5 79 **Lee y escucha el siguiente texto.**

Práctica del surf

El mar Cantábrico, en el norte de España, es un lugar ideal para la práctica del surf por la altura de sus olas y sus playas magníficas.

Los surfistas utilizan la energía de las olas para deslizarse sobre una tabla.

Las tablas de surf miden unos dos metros y pesan alrededor de tres kilos. El surfista lleva el pie atado a la tabla con una correa. Así, si se cae, no pierde la tabla.

6 ¿Verdadero o falso?

1 El mar Cantábrico es bueno para practicar surf.
2 El norte de España tiene playas muy bonitas.
3 Las olas del Cantábrico son bajas.
4 El surfista lleva una mano atada a la tabla.

7 Mira a los surfistas. Observa sus descripciones y relaciónalas con cada uno de ellos.

1 Tiene una tabla muy pequeña y sus orejas son muy grandes.
2 Tiene el pelo corto y rubio. Sus gafas de sol son amarillas.
3 Tiene el pelo largo y castaño y el bañador verde.
4 Tiene una tabla muy larga y una nariz grande.
5 Tiene el pelo rubio y largo y sus gafas de sol son negras.
6 Tiene el pelo negro y rizado y no lleva gafas de sol.

Verbo *doler*

(a mí)	me	
(a ti)	te	
(a él / ella / Ud.)	le	duel**e** la cabez**a**
(a nosotros/-as)	nos	└singular┘
(a vosotros/-as)	os	duel**en** los pi**es**
(a ellos / ellas / Uds.)	les	└plural┘

Verbos *doler* y *gustar*

Observa el uso de los verbos *doler* y *gustar:*

Me gusta *mucho la leche.*
*¿**Te gustan** los pasteles?*
*A Pablo **le duelen** las piernas.*
*Ya no **me duele** la mano.*

1 ¿Qué les duele? Haz frases como en el ejemplo.

Juan / la cabeza
A Juan le duele la cabeza.

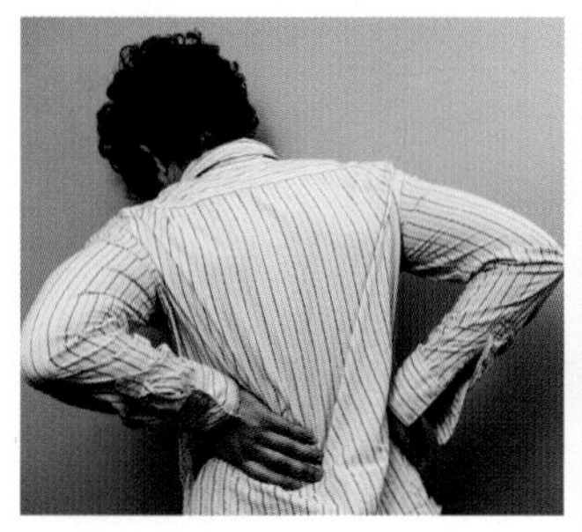

1 Carlos / la espalda

2 Mónica / la rodilla

3 Paco / el brazo

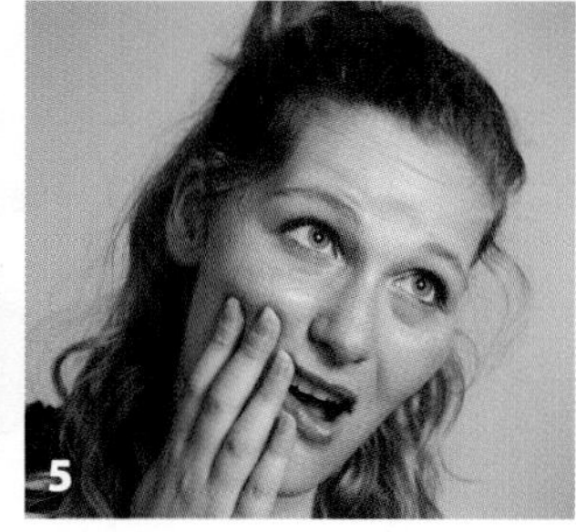

4 Pilar / las muelas

2 Completa con el pronombre correspondiente.

Pedro, ¿*te* gusta mi ordenador?

1 A mí no .... gusta la lechuga.
2 A Juan .... duele la cabeza.
3 Chicos, ¿.......... gustan las patatas fritas?
4 A nosotros no .... gusta la televisión.
5 A los niños .... duelen las muelas.
6 A Ángel no .... gustan los animales.
7 A María no .... duele nada.
8 A vosotros .... gusta el chocolate.
9 ¿A ti .... gusta la música?
10 ¿A ti .... gustan las arañas?
11 ¿A ustedes .... gusta el fútbol?
12 ¿Qué .... duele a Laura?

3 Rellena los huecos con la forma correcta del verbo correspondiente y el pronombre adecuado.

1 A mí (gustar) .... bastante el fútbol.
2 ¿A ti no (doler) .... un poco la cabeza?
3 ¿A ustedes (gustar) .... la comida española?
4 Por la noche, a mí (doler) .... los pies.
5 A Ana (gustar) .... los animales.
6 A mi padre hoy (doler) .... la garganta.
7 ¿A ti (gustar) .... los bombones?
8 ¿A vosotros (gustar) .... los espaguetis?
9 A mí no (doler) .... los brazos.
10 A ellos (gustar) .... mucho el tenis.

Muy, mucho/-a/-os/-as

- ***Muy*** + adjetivo:
  *Tiene el pelo **muy largo.***
  *Vive en una casa **muy antigua.***
- ***Muy*** + adverbio:
  *Llego a casa **muy tarde.***
  *Mi padre se levanta **muy pronto.***
- ***Mucho/-a/-os/-as*** + nombre:
  *Roberto no tiene **mucho dinero.***
  *Los niños beben **mucha leche.***
  *Tengo **muchos amigos.***
  *En mi clase no hay **muchas chicas.***
- Verbo + ***mucho:***
  ***Veo mucho** la televisión.*
  *Me duele **mucho** la cabeza.*

4 Transforma las frases siguiendo el ejemplo.

A mí me gustan los pasteles.
Andrés / queso
A Andrés le gusta el queso.

1 A las cajeras les duele la espalda.
futbolistas / piernas
2 ¿Te gusta el compañero nuevo?
vosotros / los profesores
3 A nosotros nos gustan bastante los cómics.
mis padres / el periódico
4 ¿A ti te duele el estómago?
María y Javier / las muelas
5 Este juego me gusta bastante.
libros / vosotros

5 Completa las frases con *muy / mucho/-a/-os/-as.*

1 Me gusta .... la fruta.
2 Este ejercicio me parece .... difícil.
3 Mi gato bebe .... leche.
4 El abuelo es .... mayor.
5 Su moto gasta .... gasolina.
6 A .... niños les gusta el fútbol.
7 Siempre llegáis .... tarde.
8 Hay .... sillas rotas.
9 ¿Te cansas .... cuando corres?
10 Yo tengo un móvil .... nuevo.
11 Este sofá no es .... cómodo.
12 .... españoles van de vacaciones a la playa.
13 A Óscar no le gusta .... su trabajo.
14 Estamos .... contentos con la profe.

6 Rellena los huecos del siguiente texto con *muy / mucho/-a/-os/-as.*

En la costa este española hay [1] .... playas. En verano, [2] .... gente se baña en ellas. Sus aguas son [3] .... cálidas y limpias. Durante el día, hace [4] .... calor. Por la noche corre una brisa [5] .... agradable y [6] .... familias salen de paseo.

Para aprender

7 Observa cómo aparecen las palabras en el diccionario. ¿Sabes qué significan las abreviaturas? Escribe la palabra completa.

adj.* *pron.* *s. m.* *s. f.* *v.* *adv.* *prep.

8 Completa estas definiciones del diccionario con la abreviatura adecuada.

en .... Indica el lugar...
cerca .... A poca distancia...
libro .... Conjunto de hojas impresas.
mesa .... Mueble que…
largo, ga .... Que tiene mucha longitud.
ellas .... Designa a las personas de las que se habla.
tener .... Poseer.

1 80 **Lee y escucha.**

¿Cómo es...?

Julia: Estamos en el polideportivo. Vamos a entrevistar a Pedro, que va a su clase de natación. Pedro, ¿cómo es tu profesor?

Pedro: Mi profesor es joven, fuerte y alto. Tiene el pelo rubio y los ojos oscuros. Es muy simpático y hace la clase muy divertida.

Graciela: Yo estoy con Ana en su clase de kárate. Ana, contanos de tu profesora.

Ana: Mi profesora es baja y delgada, pero es muy fuerte. Es una persona un poco seria y sus clases son bastante duras.

Julia: Ya tenemos la entrevista con los alumnos del polideportivo. ¿Y vosotros?

Jorge: Nosotros nos vamos al médico.

Graciela: ¿Van a hacer un reportaje en el hospital?

Pablo: No, vamos a la consulta del médico, porque creo que tengo la gripe.

Graciela: ¿Qué te duele?

Pablo: Me duele la cabeza y tengo fiebre. También me duelen las piernas.

Julia: ¿Quieres una aspirina?

Pablo: No, gracias. Mejor voy al médico.

2 Contesta a las siguientes preguntas.

1 ¿Dónde están Julia y Graciela?
2 ¿Cómo tiene el pelo el profesor de natación?
3 ¿Qué clase es muy divertida?
4 ¿Qué deporte practica Ana?
5 ¿A dónde van Pablo y Jorge?
6 ¿Qué le pasa a Pablo?

3 ¿Verdadero o falso?

1 Pedro va a clase de kárate.
2 El profesor de natación es alto y fuerte.
3 La profesora de Ana es alta y delgada.
4 Las clases de kárate son muy duras.
5 A Pablo le duele la cabeza.
6 A Pablo le gustan las aspirinas.

4 **Relaciona las siguientes palabras con su contrario.**

1 alto	a grueso
2 guapo	b bajo
3 delgado	c mayor
4 joven	d feo
5 simpático	e corto
6 divertido	f antipático
7 moreno	g rubio
8 largo	h aburrido

5 **Mira a los personajes de los dibujos y completa sus descripciones con las siguientes palabras.**

alta • delgado • mayor • simpática • corto • castaño • grueso
pelo • grande • baja • calvo • moreno • rubio • ojos

1 Carlos es muy .... y está un poco .... Es ...., no tiene pelo.
2 Pedro tiene la nariz bastante .... y tiene el pelo ....
3 Ana no es muy ...., tiene los .... azules y el .... rizado.
4 Inés es bastante .... y tiene el pelo ....
5 Juan tiene el pelo .... Es alto y ....
6 Rosa es joven, tiene el pelo .... y es muy ....

MUY / BASTANTE / UN POCO

Muy ***** **Bastante** *** **Un poco** *

Tiene una nariz…
… **muy** grande … **bastante** grande … **un poco** grande

6 **Escribe la descripción de un chico y de una chica de tu clase. Léeselas a tu compañero para que adivine quiénes son.**

7 (81) **Escucha a David hablando de sí mismo y de su familia. Completa la tabla con los datos de la descripción.**

	Edad	Pelo	Ojos
David			
Madre			
Padre			
Hermano			

8 **Pregunta a tu compañero por los miembros de su familia. Copia sus respuestas y escribe una pequeña descripción sobre uno de ellos.**

1 ¿Cómo se llama tu...?
2 ¿Cuántos años tiene?
3 ¿Cómo tiene el pelo?
4 ¿Cómo tiene los ojos?
5 ¿Es alto o bajo, delgado o grueso...?

Pronunciación y ortografía

9 (82) **Escucha y repite.**

cuatro casa comer queso quiero

10 **¿Qué sonido se repite en todas las palabras?**

El sonido **/k/** se escribe ***qu*** delante de ***e, i*** y se escribe ***c*** delante de ***a, o, u***.

11 **Completa con *qu / c*.**

1 ....uando	5 ....inientos
2 pe........eño	6 simpáti........a
3 po........o	7 E........uador
4 ....ímica	8 ....alle

12 (83) **Ahora, escucha y repite.**

LEER

1 Marta escribe a Pierre, su amigo francés. Lee el correo electrónico y escribe el nombre de los amigos de Marta en la foto.

Hola, Pierre:

Hoy te voy a presentar a los amigos de mi pandilla y por eso te mando esta foto. Luis es el más alto y tiene el pelo muy corto. Es muy trabajador. Celia es la chica con el pelo más largo y liso. Yo soy morena, tengo los ojos marrones y soy las más baja. Ángela es la más alta. Es muy inteligente y simpática y tiene el pelo rubio. Por último, Juanma es rubio y con los ojos azules. Tiene el pelo más largo que Luis. Es muy cariñoso, pero a veces tiene problemas con los profesores. Bueno, estos son mis mejores amigos. Salimos juntos todos los fines de semana. A todos nos gusta ir al cine, hacer deporte y la música moderna.

¿Por qué no me cuentas cómo son tus amigos?

Escríbeme pronto.

Un saludo, Marta.

ESCUCHAR

2 (84) Escucha a Marta describiendo a su nueva profesora de gimnasia. Completa con los datos correctos.

Nombre: ....
Edad: ....
Estatura: ....
Pelo: ....
Nariz: ....
¿Le gusta a Marta? ....
¿Le gusta a Juan? ....

HABLAR

3 ¿Conoces a estos personajes famosos? Si no es así, pide ayuda a tu profesor y si es necesario, busca información sobre ellos. Luego, en parejas, *A* describe a uno de estos famosos y *B* adivina quién es.

ESCRIBIR

4 Escribe en tu cuaderno un correo electrónico explicando cómo son tus mejores amigos.

La semana azul

Las semanas azules son semanas activas junto al mar para grupos escolares de primaria y secundaria e incluyen todo lo necesario para hacer de este viaje una gran experiencia para profesores y alumnos.

Los deportes en el mar y en la naturaleza son unas actividades extraescolares muy enriquecedoras. Pasar unos días aprendiendo a navegar a vela y en piragua o practicando otros deportes náuticos como surf y pádel surf es una oportunidad única para entrar en contacto con el mar y aprender los valores medioambientales. También se realizan actividades fuera del agua como senderismo y rutas en bicicleta.

Por las mañanas, antes de empezar las actividades, los participantes tienen clases teóricas sobre distintos deportes en el mar con monitores especializados.

Además, estas estancias de cinco días y cuatro noches promueven una intensa convivencia en contacto con la naturaleza. Las semanas azules pueden hacerse en los meses de abril, mayo y junio, pero el calendario varía en función de los destinos.

1 Lee el texto y di si las siguientes afirmaciones son verdaderas o falsas. Corrige en tu cuaderno las falsas.

1 Los padres también pueden participar en la semana azul.

2 En la semana azul podemos practicar piragüismo.

3 Los participantes en la semana azul aprenden a valorar el medio ambiente.

4 Todas las actividades de la semana azul son en el mar.

5 Todas las actividades son físicas.

2 Intercambia información con tu compañero.

- ¿Se organizan «semanas azules» o similares en tu colegio? ¿Cómo son?
- Diseña con tu compañero vuestra semana azul ideal.

Reflexión y evaluación

GRAMÁTICA

1 Completa las frases con la forma correcta del verbo.

1 A mí no (gustar) .... los juegos de cartas.
2 ¿(Gustar) .... a vosotros el nuevo profesor?
3 A mis abuelos (doler) .... la espalda.
4 ¿A ti (gustar) .... la comida china?
5 Estas fiestas (a nosotros, gustar) .... bastante.
6 Con el sol, a mí (doler) .... un poco los ojos.
7 A Clara (gustar) .... la gimnasia rítmica.
8 ¿(Gustar, tú) .... la comida china?
9 A mis padres no (gustar) .... mucho la pizza.
10 ¿Te (doler) .... la cabeza?

2 Construye frases correctas, según el modelo.

A Pedro / no gustar / el baloncesto.
A Pedro no le gusta el baloncesto.

1 A mí / gustar / los chicos simpáticos.
2 ¿A ustedes / gustar / la paella?
3 A Ana / doler / un poco el estómago.
4 A ellos / no gustar / el alcohol.
5 Este juego / (a nosotros) gustar / bastante.
6 Hoy / (a mí) no doler / las muelas.

3 Completa las siguientes frases con *muy / mucho/-a/-os/-as.*

1 Tiene el pelo .... largo.
2 Mis hermanos ven .... la televisión.
3 Llego al colegio .... temprano.
4 ¿Vais .... al cine?
5 Hay .... gente en esta playa.
6 Los niños tienen .... juguetes.
7 Mi hermano come ....
8 La comida de mi madre está .... buena.
9 Roberto practica .... deporte.
10 Esta semana tenemos .... exámenes
11 Lucía está .... contenta.
12 Mi hermano juega .... con el ordenador.

VOCABULARIO

4 Nombra las siguientes partes del cuerpo.

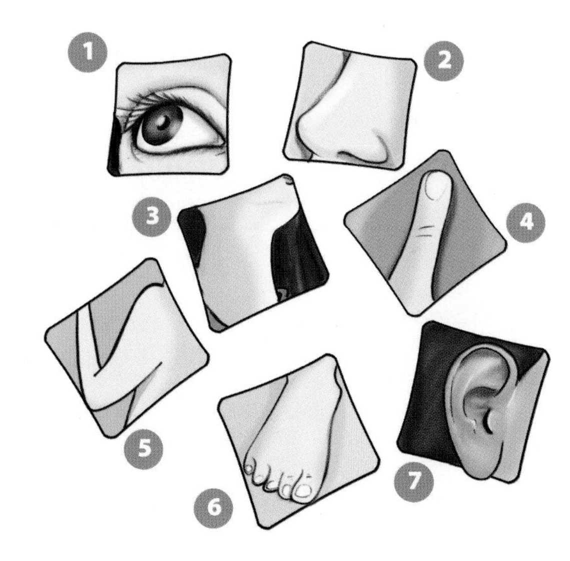

5 Dibuja tu propio monstruo inventado y descríbelo.

COMUNICACIÓN

6 Ordena las conversaciones.

• ¿ / llama / cómo / tu / se / hermano / ?
▪ se / Alejandro / llama

• ¿ / los / tiene / cómo / ojos / ?
▪ ojos / los / verdes / tiene

• ¿ / su / color / es / qué / pelo / de / ?
▪ pelo / el / negro / tiene

• ¿ / pequeño /es / tu / hermano / cómo / ?
▪ moreno / es / verdes / tiene / los / y / ojos

7 Lleva una foto de tu mejor amigo/-a a clase y descríbela. ¿Cómo se llama? ¿Cómo es? ¿Dónde está?

Autoevaluación

MIS RESULTADOS EN ESTA UNIDAD SON:

Muy buenos
Buenos
No muy buenos

La ropa

9

VOCABULARIO	▸ Ropa
GRAMÁTICA	▸ Pretérito indefinido de *ir* y *estar* ▸ Marcadores temporales del pasado ▸ Interrogativos ▸ Análisis de errores
COMUNICACIÓN	▸ Preguntar por acciones en el pasado ▸ Acentuación
DESTREZAS	▸ Segovia: Patrimonio de la Humanidad
CULTURA	▸ Trajes regionales de España

1 Mira el dibujo de la familia de Marta y relaciona los números con el siguiente vocabulario. Después, escucha y comprueba.

abrigo • zapatillas deportivas • jersey • gorra • corbata
zapatos • bufanda • vaqueros • chándal • camisa
pantalones • sudadera • guantes • chaqueta • falda • cazadora

2 Pregunta y contesta, como en el ejemplo, sobre el color de la ropa de los personajes del dibujo.

- *¿De qué color es la camisa de la madre de Marta?*
- *Es blanca.*
- *¿De qué color son los vaqueros del hermano de Marta?*
- *Son azules.*

3 Describe la ropa que lleva puesta algún chico de la clase. ¿Puede adivinar tu compañero de quién se trata?

Lleva vaqueros azules, una sudadera verde, zapatillas deportivas blancas...

4 Escucha y completa la siguiente conversación en una tienda de ropa.

Dependiente: ¡Buenos días! ¿Qué desea?
Cliente: ¡Buenos días! Quiero [1] ....
Dependiente: ¿De qué talla?
Cliente: Pues, no sé..., de la [2] .... o ....
Dependiente: ¿De qué color los quiere?
Cliente: ¿Puedo probarme los [3] .... y los [4] ....?
Dependiente: Sí, claro; allí están los probadores.
(...)
Dependiente: ¿Qué tal?
Cliente: Muy bien, me llevo los [5] ....
Dependiente: ¿Desea algo más?
Cliente: Sí, quiero [6] .... como la del escaparate. ¿Qué precio tiene?
Dependiente: Esa vale [7] .... euros.
Cliente: Muy bien, me llevo las dos cosas.

5 Prepara con tu compañero una conversación como la del ejercicio anterior.

6 **Lee lo que piensan Carlos y Laura sobre la ropa. Completa con las siguientes palabras.**

vestidos • abrigo • vaqueros • altas • baloncesto • deportiva

CARLOS

A mí me gusta la ropa moderna, especialmente los [1] .... y las camisetas muy grandes. No me gustan nada las camisas ni los zapatos, siempre llevo zapatillas deportivas negras. También me gustan mucho las gorras de equipos de [2] .... y las gafas de sol. Si tengo frío, llevo una sudadera. Nunca llevo [3] ....

LAURA

A mí me gustan los colores oscuros, siempre llevo ropa negra o gris. Me gustan los vaqueros negros y las camisetas cortas y estrechas. No me gustan nada los [4] ...., pero tengo una falda corta y negra. Normalmente llevo zapatillas blancas, pero para salir llevo unas botas [5] .... negras.
También me gusta la ropa [6] .... En cambio, no me gustan nada los colores como el rojo, verde, rosa o amarillo.

7 **Escucha y escribe el nombre correspondiente.** (87)

8 **En parejas, pregunta a tu compañero sobre ropas y colores.**

1 ¿Te gustan las faldas / los vaqueros / las camisetas...?
2 ¿Qué ropa te gusta más?
3 ¿Qué ropa no te gusta nada?
4 ¿Cuáles son tus colores favoritos?

9 **Escribe en tu cuaderno un párrafo sobre la ropa y los gustos de tu compañero.**

A mi compañero le gusta mucho…
No le gusta nada…
Les gustan los colores…
Hoy lleva…

Pretérito indefinido de los verbos *ir y estar*

	ir	estar
yo	fui	estuve
tú	fuiste	estuviste
él / ella / Ud.	fue	estuvo
nosotros/-as	fuimos	estuvimos
vosotros/-as	fuisteis	estuvisteis
ellos / ellas / Uds.	fueron	estuvieron

Marcadores temporales del pasado

El pretérito indefinido o pretérito perfecto simple de los verbos suele ir acompañado de expresiones de tiempo. Las más habituales son: ***ayer por la mañana / tarde / noche; la semana pasada, el año pasado; hace una semana / un mes / un año...***

Pronombres interrogativos

- **¿Dónde?**
  ¿***Dónde*** *estuviste el domingo?*
- **¿Qué?**
  ¿***Qué*** *haces normalmente los sábados?*
- **¿Quién?**
  ¿***Quién*** *estuvo contigo en la fiesta?*
- **¿Cuándo?**
  ¿***Cuándo*** *fuiste a Bilbao?*
- **¿Con quién?**
  ¿***Con quién*** *fuiste de vacaciones?*

1 Completa las siguientes frases sobre Carolina, Daniel, Javier y María, fijándote en el cuadro.

	Viernes	Sábado	Domingo
Carolina	En casa	Discoteca	Cine
Daniel	Instituto	Partido de fútbol	En casa
Javier	Instituto	Partido de fútbol	Pizzería
María	Instituto	Partido de tenis	Cine

El viernes, Carolina (estar) *estuvo en casa.*

1 El sábado, Javier y Daniel (ir) ....
2 El sábado, Carolina (ir) ....
3 El domingo, Daniel (estar) ....
4 El domingo, María y Carolina (estar) ....
5 El viernes, Daniel, Javier y María (ir) ....

2 Rellena los huecos con la forma correcta del verbo.

1 Ayer, yo (estar) .... en el instituto.
2 El domingo, Rosi y tú (estar) .... en casa.
3 Mis amigos y yo (ir) .... al partido de fútbol.
4 ¿Dónde (estar, tú) .... el domingo por la mañana?
5 El viernes, Carolina no (ir) .... al instituto.
6 El sábado, Juan y Antonio (estar) .... en la piscina.
7 Ayer, mis padres (ir) .... al restaurante.
8 ¿A dónde (ir, tú) .... ayer?
9 ¿Dónde (estar) .... el lunes el profe?
10 ¿Dónde (estar, usted) .... el sábado por la noche?

3 ¿A dónde fueron los hermanos García de vacaciones?

	Pedro	Ana
El año pasado	Barcelona	Sevilla
El verano pasado	Madrid	Madrid
Hace dos meses	Zaragoza	Zaragoza
El fin de semana pasado	Alicante	Mallorca
Hace quince días	Bilbao	Granada

¿A dónde fueron el año pasado?
El año pasado Pedro fue a Barcelona y Ana a Sevilla.

1 ¿Dónde estuvo Pedro el fin de semana pasado?
2 ¿Dónde estuvieron el verano pasado?
3 ¿A dónde fue Ana el fin de semana pasado?
4 ¿A dónde fueron hace quince días?

**4 Andrés es un hombre de negocios. Vive en Madrid, pero viaja mucho durante la semana.
Mira su agenda de la semana pasada y contesta en tu cuaderno a las preguntas siguientes.**

1 ¿Dónde estuvo Andrés el lunes por la tarde?
2 ¿Qué día fue a Granada?
3 ¿Con quién fue al teatro?
4 ¿Cuándo fue a París?
5 ¿Con quién estuvo Andrés el miércoles?
6 ¿Dónde estuvo el domingo por la mañana?
7 ¿Quién estuvo con él el jueves?

JUNIO

Lunes 4
Reunión en Barcelona a las 15:30 h

Martes 5
Vuelo a París

Miercóles 6
Visita a mi tía en el hospital

Jueves 7
Comida con Pedro y Alberto

Viernes 8
Viaje a Granada

Sábado 9
Teatro con Juan

Domingo 10
Exposición de Picasso
a las 11 h

5 Completa con el pronombre interrogativo que corresponda: *qué, quién, dónde, cuándo*.

1 ¿.................. estuviste ayer?
2 ¿.................. tiene mi bolígrafo?
3 ¿.................. vienes a mi casa?
4 ¿.................. deporte te gusta más?
5 ¿.................. estuvo Pedro el sábado?
6 ¿.................. viven tus amigos?
7 ¿.................. fue contigo al cine?
8 ¿A .... hora te levantas?
9 ¿Con .... estuviste ayer?
10 ¿.................. estuviste en Perú?

6 Elaborá las preguntas, utilizando el pronombre interrogativo, como en el ejemplo.

Rosa pinta cuadros. (Quién)
¿Quién pinta cuadros?

1 Alberto vive en Sevilla. (Dónde)
2 Mi hermano estuvo ayer en casa. (Cuándo)
3 Raquel está en el cine. (Quién)
4 Juan come hamburguesas. (Qué)
5 Roberto trabaja los fines de semana. (Cuándo)
6 Laura estudia en mi instituto. (Dónde)
7 El domingo fui al cine. (Cuándo)
8 Roberto trabaja en un banco. (Dónde)
9 Mi padre estuvo en París el fin de semana pasado. (Quién)
10 Celia juega al baloncesto. (Quién)

Para aprender

7 En todas las frases siguientes hay un error. ¿Cuál es? Corrígelo.

Ayer yo ~~fue~~ al cine.
fui

1 El sábado Ana no estuve en clase.
2 Año pasado Pedro fue a Barcelona.
3 El año pasado Ana y Pedro fue a Barcelona de vacaciones.
4 Ayer yo fui en el instituto.
5 Ayer yo no estuvo en casa.
6 Domingo mi amigo estuvo en casa.
7 Mis padres ayer no están en casa.
8 Sábado pasado yo estuve en la piscina.
9 María y yo vamos ayer al fútbol.
10 ¿Dónde estuve tú ayer?

1 Lee y escucha.

Las fiestas del pueblo

Julia: Bueno, chicos, ¡esta tarde es el gran día! Empiezan las fiestas del pueblo.
Jorge: ¿Y dónde quedamos nosotros?
Julia: En la plaza del ayuntamiento. Allí van a repartir la revista.
Pablo: ¿A qué hora quedamos?
Julia: A las ocho, ¿no?
Graciela: Bueno, nos vemos allá.

Graciela: ¡Qué linda pollera!
Julia: ¿Te gusta?
Graciela: Es bárbara. Mirá mis pantalones. ¿Te gustan?
Julia: Son preciosos. ¿Dónde están Jorge y Pablo? Vamos a buscarlos.

La madre de Jorge y Pablo: ¿Con quién fuisteis ayer al baile?
Pablo: Fuimos con los compañeros de clase.
La madre de Jorge y Pablo: Y después, ¿dónde estuvisteis?
Jorge: Estuvimos en la feria y después fuimos a tomar chocolate con churros.
Pablo: ¡Mira, mamá! Esta es la revista.
La madre de Jorge y Pablo: ¡Ah, gracias! ¡Qué bonita!
Jorge: Es muy interesante. Trae un montón de noticias sobre la gente del pueblo.
La madre de Jorge y Pablo: ¡Estupendo! Voy a leerla. Y, ¿cuándo sale el próximo número?
Pablo y Jorge: ¡Mamá...!

2 Contesta a las siguientes preguntas.

1 ¿Qué celebran en el pueblo?
2 ¿Cuándo se reparte la revista?
3 ¿A qué hora quedan?
4 ¿Con quién fueron Jorge y Pablo al baile?
5 ¿A dónde fueron después del baile?
6 ¿Qué estuvieron comiendo después?

3 ¿Verdadero o falso?

1 Es la fiesta de fin de curso.
2 En la plaza del ayuntamiento van a repartir bocadillos.
3 Graciela tiene una falda nueva.
4 Muchos alumnos del instituto estuvieron en el baile.
5 Después fueron a tomar un café con leche.
6 La revista tiene muchas noticias.

4 En parejas, pregunta y responde a las preguntas como en el ejemplo.

tú – fin de semana / montaña
- *¿Dónde estuviste el fin de semana?*
- *Estuve en la montaña.*

1 tus compañeros de clase – semana pasada / museo

2 Pablo y María – domingo tarde / discoteca

3 tu hermano – domingo mañana / polideportivo

4 tú y tus amigos – verano pasado / Egipto

5 tu hermana – quince días / casa de sus abuelos

¡OBSERVA!

- **Estar en...**
  Estuve en *clase.*
  Estuviste en *la discoteca.*
- **Ir a...**
  Fui a *clase.*
  Fuiste a *la discoteca.*

5 Pregunta y responde a tu compañero como en el ejemplo sobre cuándo se realizaron las actividades del ejercicio anterior.

- *¿Cuándo estuviste en el instituto?*
- *Estuve el viernes por la tarde.*

6 ¿Quién fue contigo a los lugares del ejercicio 4? Pregunta y responde a tu compañero, como en el ejemplo.

mi compañera Ana
- *¿Con quién fuiste al instituto?*
- *Fui con mi compañera Ana.*

1 mis amigos
2 mi abuelo
3 Antonio y Rafa
4 mi novio/-a
5 mis padres
6 mis primas

Pronunciación y ortografía

7 (89) Escucha y clasifica las siguientes palabras según la sílaba tónica.

~~horrible~~ ~~sábado~~ música ~~lección~~ catedral examen avión comer café estás ventana libro película periódico lápiz

Esdrújulas	Llanas	Agudas
sábado	*horrible*	*lección*

8 ¿Por qué algunas palabras llevan tilde y otras no? Completa las reglas.

1 Las palabras agudas llevan tilde si terminan en vocal, ..., ...
2 Las palabras llanas no llevan tilde si terminan en ...., **n, s.**
3 Las palabras esdrújulas llevan tilde ....

LEER

1 Lee la información contenida en el folleto turístico de la ciudad de Segovia.

Cosas que hacer y ver en la ciudad histórica

a Vea el Acueducto construido por los romanos en el siglo I d. C. Tiene una longitud total de 15 km.

b Visite la Catedral, de estilo gótico con rasgos renacentistas, construida durante los siglos XVI, XVII y XVIII. **Horario de visitas:** de 9 a 20 h.

c Visite el Alcázar, fortaleza construida en el s. XII, restaurada y habitada por el rey Felipe II en el s. XVI. **Horario de visitas:** de 10 a 17 h.

d Realice un agradable paseo por la ribera del río Eresma y contemple las magníficas vistas de la ciudad.

e Disfrute de las soleadas terrazas de la Plaza Mayor y pruebe sus deliciosos aperitivos junto a la Catedral.

f Haga sus compras en la histórica calle de Juan Bravo, que va desde la Plaza Mayor al Acueducto.

2 ¿Son correctas estas frases? Corrige los errores.

1 El río Ebro pasa por Segovia.
2 El Acueducto es un edificio árabe.
3 La Catedral se puede visitar a las nueve de la noche.
4 El Alcázar fue construido el siglo pasado.

ESCUCHAR

3 (90) Primero escucha a María hablando sobre su visita a Segovia. Después, escribe en el orden correcto los lugares en los que estuvo.

Primero… Después… Luego… Por último…

HABLAR

4 Pregunta a tu compañero sobre algún viaje reciente.

1 ¿A dónde fuiste?
2 ¿Cómo fuiste?
3 ¿En qué lugares estuviste?
4 ¿Con quién fuiste?

ESCRIBIR

5 Escribe en tu cuaderno un pequeño texto contando una excursión reciente con tu familia o amigos. Sigue los pasos del ejercicio 3.

1 **Mira las fotos. ¿Qué llevan puesto? ¿Son de Pamplona, Andalucía o Valencia?**

2 91 **Lee y escucha el texto. Comprueba tus respuestas del ejercicio 1.**

TRAJES REGIONALES DE ESPAÑA

Son muchos y muy variados los trajes regionales que hay en las distintas comunidades españolas. Aquí aparecen tres de los más conocidos internacionalmente.

A El traje inicialmente utilizado por las mujeres gitanas es actualmente el traje típico andaluz y lo utilizan para acudir a las ferias que se celebran en muchas localidades de Andalucía y, particularmente, en la Feria de Abril de Sevilla, en la Feria de Jerez o en el Rocío, donde su vestido se considera imprescindible y es utilizado por mucha gente.

Las mujeres visten trajes largos y pelo decorado con una flor, y los hombres chaqueta corta, además de pañuelos o sombreros en la cabeza.

B En las fiestas de San Fermín lo tradicional es ir vestido con el traje de pamplonica, es decir, hombres y mujeres con camisa blanca, pantalón o falda del mismo color, y con la faja y el pañuelo de fiestas de color rojo. En estas fechas casi todo el mundo viste de esta manera. La sencillez de este atuendo festivo hace que tanto lugareños como gente de fuera lo utilicen, creando verdaderas mareas humanas de blanco y rojo.

C El traje regional de la Comunidad Valenciana está muy presente en sus festividades y actos folclóricos, especialmente durante las Fiestas de las Fallas. Este es un traje muy vistoso y colorido, en el caso de las mujeres, en el que también tiene mucha importancia el peinado, que es muy elaborado.

El traje típico de fallera lleva una camisa de lino decorada con bordados a mano y una falda larga igualmente adornada.

3 **Lee el texto de nuevo y contesta a las preguntas.**

1 ¿Utilizan los andaluces su traje regional todos los días? ¿Cuándo lo utilizan?
2 ¿Qué llevan los andaluces en la cabeza en sus fiestas?
3 ¿Cómo es la camisa típica fallera?
4 ¿Qué colores son los que destacan en San Fermín?
5 ¿Quiénes visten el traje típico de San Fermín?

4 **Completa las frases. Coméntalas con tu compañero.**

1 El traje tradicional de mi región / país es...
2 Las mujeres llevan...
3 Los hombres llevan...
4 La gente viste con trajes regionales cuando...
5 Yo algunas veces / nunca visto un traje regional cuando...

Reflexión y evaluación

GRAMÁTICA

1 Completa las frases con el pretérito indefinido de los verbos.

1 María (estar) .... aquí ayer.
2 Daniel y Susana (ir) .... a Lima el verano pasado.
3 Mis padres (estar) .... en casa el domingo.
4 El sábado Nacho (ir) .... a la discoteca.
5 Yo (estar) .... en Cuba en agosto.
6 ¿(Ir, tú) .... al museo el domingo pasado?
7 Yo (ir) .... a Canarias el mes pasado.
8 ¿Ustedes (estar) .... en el campo de fútbol ayer?
9 ¿Usted (ir) .... a la biblioteca?
10 Nosotros (estar) .... el sábado en la piscina.

2 Construye las frases correctas con el pretérito indefinido, según el modelo.

Gabriel / ir / Barcelona.
Gabriel fue a Barcelona.

1 Carlos / estar / Perú.
2 Yo / no ir / teatro.
3 Miguel y Juan / estar / biblioteca.
4 Francisco / ir / Madrid en 1999.
5 ¿Tú / estar / circo?
6 Mi hermano y yo / no estar / concierto.

3 Completa las frases con uno de los pronombres interrogativos: *qué, quién, cuándo, dónde.*

1 ¿.................... fue al museo?
2 ¿.................... quieres de postre?
3 ¿.................... fueron a la piscina tus amigas?
4 ¿.................... fue a la fiesta de disfraces?
5 ¿.................... estuvieron Juan y Gema el domingo?
6 ¿.................... estuviste ayer?
7 ¿.................... fue contigo?
8 ¿.................... fuiste al parque de atracciones?
9 ¿.................... estuvimos en casa de Raquel?
10 ¿.................... fue Pedro a Roma?

VOCABULARIO

4 Nombra las siguientes prendas de ropa.

5 Describe cómo vas vestido y dibújate.

COMUNICACIÓN

6 Ordena las conversaciones.

- ¿ / en / María / fiesta / estuviste / la / de / ?
- su / sí / casa / en / estuve

- ¿ / fuiste / quién / con / ?
- los / clase / fui / compañeros / con / de

- ¿ / verano / estuvieron / dónde / profesores / los / en / ?
- de / fueron / viaje / Croacia / a

7 En parejas, A trabaja como dependiente en una tienda de ropa y B es un cliente que desea comprar una prenda.

Autoevaluación

MIS RESULTADOS EN ESTA UNIDAD SON:

- Muy buenos
- Buenos
- No muy buenos

Ahora puedes hacer el Proyecto 3 (páginas 106-107)

Anexo

PROYECTOS	VOCABULARIO	RESUMEN GRAMATICAL	TRANSCRIPCIONES

LIBRO DE FAMILIA

1 Observa las frases. ¿Cuándo se usa «y»? ¿Cuándo se usa «pero»?

1. Por la tarde lee y escucha música.
2. Los niños juegan con sus juguetes, pero no hacen deberes.
3. Voy al cine y al teatro.
4. Vivimos en Madrid, pero mi padre es de Arévalo.

2 Une las frases con «y» o «pero».

1. Vive en Barcelona. Estudia en Barcelona.
2. Mis hermanos pintan. Mis hermanos no escriben.
3. Practico el fútbol. No estoy en ningún equipo.
4. Veo la televisión. No veo las noticias.
5. Mi padre cocina. Mi madre plancha.

3 Diseña un póster sobre tu familia. No te olvides de poner la siguiente información: sus nombres, sus edades, de dónde son, cuántos hermanos tienen, qué hacen en su tiempo libre...

4 Muestra el póster ante la clase y presenta tu familia a tus compañeros.

Esta es mi **madre**. Se llama Carmen. Tiene 45 años. Es de Madrid. Tiene un hermano y una hermana. En su tiempo libre ve la televisión, pero nunca ve partidos de fútbol.

Este es mi **padre**. Se llama Nacho. Tiene 47 años. Es de Arévalo, un pueblo de Ávila. Tiene dos hermanos y una hermana. En su tiempo libre lee y escucha música, pero nunca practica deporte.

Estos son mis hermanos. Se llaman Alberto y Andrés. Son gemelos y tienen 8 años. Son de Madrid. Tienen una hermana fantástica. En su tiempo libre dibujan y colorean, pero nunca estudian.

Esta soy yo. Me llamo Marta. Tengo 12 años. Soy de Madrid y tengo dos hermanos. En mi tiempo libre utilizo el ordenador, pero veo poco la televisión.

MI PROGRESO [unidades 1, 2 y 3]

Completa tu autoevaluación señalando tu nivel de adquisición en las distintas habilidades.

Muy bien = **1**	Regular = **3**
Bien = **2**	Tengo que mejorar = **4**

ESCUCHAR

- Soy capaz de reconocer palabras claves en una audición.
- Soy capaz de comprender audiciones sencillas para comprobar si una información dada es verdadera o falsa.
- Puedo entender información sencilla sobre la programación de la televisión.

LEER

- Puedo entender pequeños textos con información personal.
- Puedo entender una carta o un correo electrónico de un amigo nuevo con su información personal.
- Soy capaz de comprender textos breves con información sobre los miembros de la familia.

COMUNICACIÓN

- Soy capaz de presentarme y preguntar a otros por sus datos personales.
- Sé hacer sugerencias y responder a las de mis amigos para ir a algún sitio.
- Sé preguntar y contestar a mi compañero sobre una programación de cine o televisión.

HABLAR

- Puedo decir cómo me llamo, cuántos años tengo y mi número de teléfono.
- Puedo decir de dónde soy y dónde vivo.
- Sé decir la hora.

ESCRIBIR

- Puedo escribir pequeños textos con información personal o de mi compañero.
- Puedo completar una ficha sobre información personal.
- Soy capaz de corregir los errores de un texto.

UN FOLLETO TURÍSTICO

1 Lee el folleto sobre la ciudad de Córdoba y complétalo con las frases a-c.

a ... en tren de alta velocidad.

b ... podemos encontrar gran cantidad de hoteles y restaurantes.

c ... una de las ciudades más visitadas...

2 Observa las frases. ¿Para qué se usan las palabras «también» y «además»?

1 Tiene estación de tren y también de autobús.

2 La Mezquita es, además, la Catedral de Córdoba.

3 En el Barrio Judío podemos visitar los museos y también comer en sus restaurantes.

3 Une las frases utilizando «también» o «además».

1 Hay bares. Hay cafeterías.

2 Córdoba es importante por su historia. Es importante por sus monumentos.

3 Los turistas visitan la Mezquita. Los turistas hacen muchas fotos.

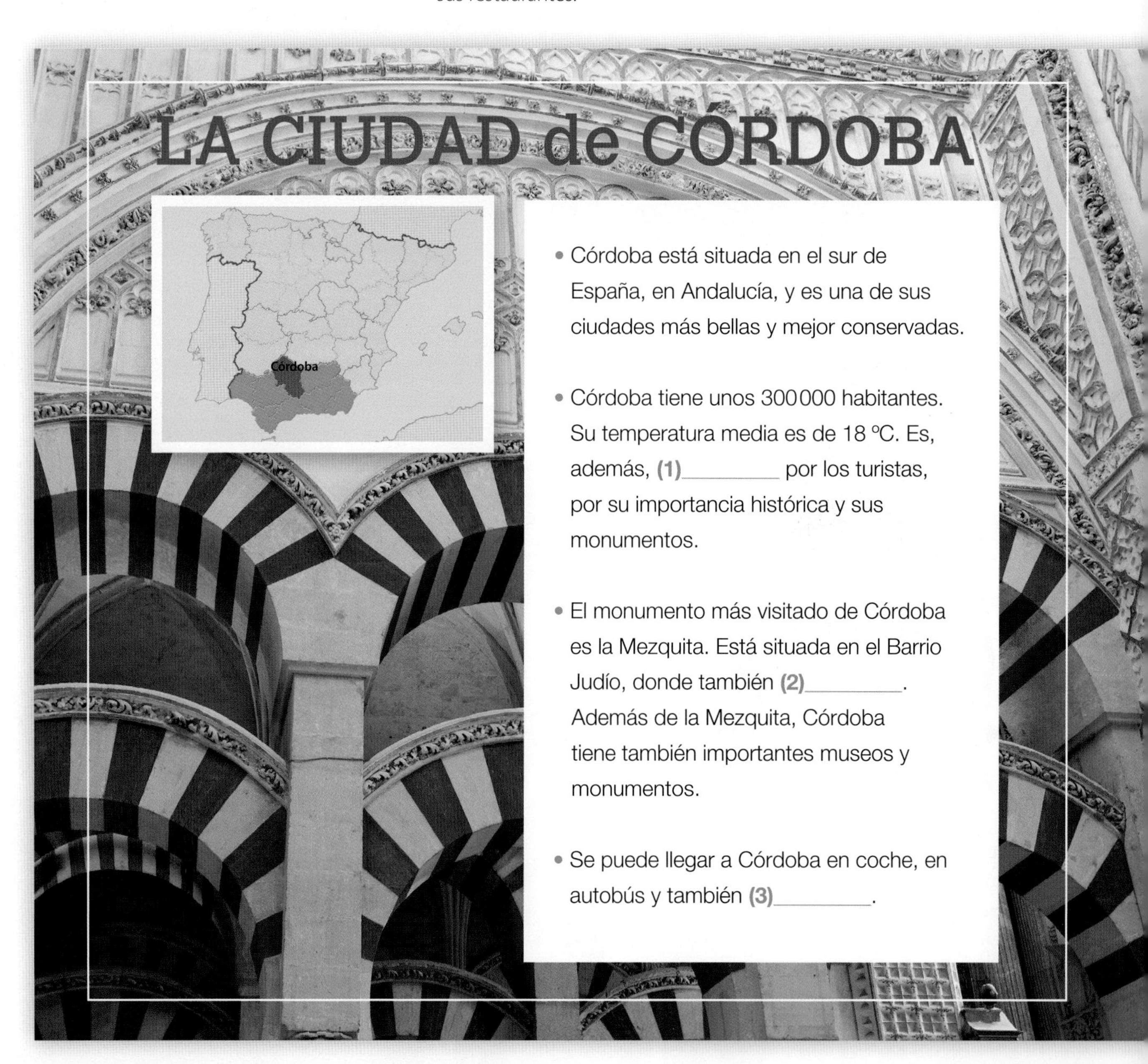

- Córdoba está situada en el sur de España, en Andalucía, y es una de sus ciudades más bellas y mejor conservadas.

- Córdoba tiene unos 300 000 habitantes. Su temperatura media es de 18 °C. Es, además, (1)_________ por los turistas, por su importancia histórica y sus monumentos.

- El monumento más visitado de Córdoba es la Mezquita. Está situada en el Barrio Judío, donde también (2)_________. Además de la Mezquita, Córdoba tiene también importantes museos y monumentos.

- Se puede llegar a Córdoba en coche, en autobús y también (3)_________.

4 **Elabora un póster sobre tu ciudad favorita. No te olvides de incluir la siguiente información.**

1 ¿Dónde está?
2 ¿Es grande / pequeña / interesante...?
3 ¿Cuáles son los lugares más visitados?
4 ¿Hay cafeterías, restaurantes, tiendas...?
5 ¿Cómo se puede llegar hasta allí?

5 **Muestra tu póster ante la clase e informa a tus compañeros sobre tu ciudad favorita.**

MI PROGRESO [unidades 4, 5 y 6]

Completa tu autoevaluación señalando tu nivel de adquisición en las distintas habilidades.

Muy bien = **1**	Regular = **3**
Bien = **2**	Tengo que mejorar = **4**

ESCUCHAR

- Soy capaz de entender conversaciones sencillas sobre los alimentos que nos gustan y no nos gustan.
- Puedo entender la descripción sencilla de una casa.
- Soy capaz de entender y seguir instrucciones sencillas.

LEER

- Puedo entender la información que aparece en un menú.
- Soy capaz de obtener la información necesaria sobre una casa y su mobiliario a través de un texto sencillo.
- Puedo comprender textos sencillos con información sobre una ciudad y sus servicios.

COMUNICACIÓN

- Sé preguntar y expresar mi opinión sobre cosas que me gustan y no me gustan.
- Soy capaz de preguntar y contestar a mi compañero hablando sobre nuestras casas.
- Puedo preguntar y responder sobre las actividades que hacemos a lo largo de una semana.

HABLAR

- Soy capaz de pedir la comida en un restaurante.
- Puedo describir cómo es mi habitación y mi casa.
- Puedo hablar sobre las cosas que tiene mi ciudad ideal y dónde están.

ESCRIBIR

- Puedo diseñar un menú.
- Sé escribir la descripción de mi casa ideal.
- Soy capaz de escribir sobre cómo es mi ciudad.

¿CÓMO VAMOS VESTIDOS?

1 Mira el póster que ha hecho Carlos con unas fotografías que muestran cómo va vestido él, su amiga Sara, su madre y su hermana en diferentes momentos. Lee los textos y complétalos con la información correcta.

2 Corrige las frases.

1 Cuando hace frío, me pongo mis guantes marrón.
2 Mi hermana y yo llevamos ropa muy diferentes.
3 Mi madre no lleva un zapatos de tacón.
4 Me compré la chándal en la tienda de deportes.
5 Me gustan las calcetines rojas.

¿CÓMO VISTO?

Carlos Díaz

Tengo el armario lleno de ropa y al final siempre me pongo unos **(1)** .... y una camiseta. Pero en algunas ocasiones nos vemos obligados a cambiar de modelo.

Los domingos por la mañana voy con mi amiga Sara a jugar al tenis. Yo soy muy friolero y siempre llevo un **(2)** .... con una camiseta debajo y, por supuesto, mi raqueta de tenis. Sara va con pantalones cortos y sudadera. Los dos llevamos **(3)** .... de deporte.

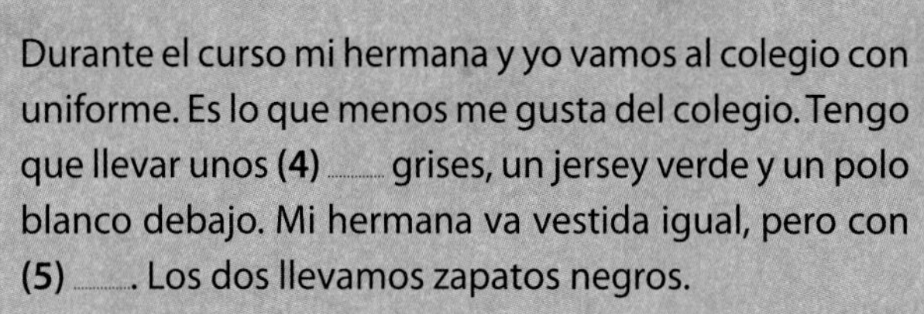

Durante el curso mi hermana y yo vamos al colegio con uniforme. Es lo que menos me gusta del colegio. Tengo que llevar unos **(4)** .... grises, un jersey verde y un polo blanco debajo. Mi hermana va vestida igual, pero con **(5)** .... Los dos llevamos zapatos negros.

3 Diseña tu propio póster. No te olvides de incluir la siguiente información.

1 ¿Cómo te vistes normalmente? ¿Qué ropa es la que menos te gusta ponerte?

2 ¿En qué ocasiones tú y tus amigos os vestís de forma diferente? ¿Qué lleváis?

3 ¿Cuándo te tuviste que vestir especialmente elegante? ¿Qué te pusiste?

4 Presenta tu póster ante la clase y diles a tus compañeros cuál es tu ropa favorita.

Cuando fuimos a la boda de mi primo todos estábamos muy elegantes. Yo llevaba un traje negro, una **(6)** .... ¡y hasta me puse corbata! Mi madre y mi hermana llevaban vestidos largos y zapatos de tacón.

MI PROGRESO [unidades 7, 8 y 9]

Completa tu autoevaluación señalando tu nivel de adquisición en las distintas habilidades.

Muy bien = **1**	Regular = **3**
Bien = **2**	Tengo que mejorar = **4**

ESCUCHAR

- Puedo entender información sencilla sobre animales.
- Soy capaz de entender descripciones físicas de otras personas.
- Puedo entender y ordenar información sobre un viaje.

LEER

- Soy capaz de comprender textos sencillos con información sobre la vida de los animales.
- Puedo entender información escrita sobre descripciones y gustos de otras personas.
- Soy capaz de leer y entender pequeños textos con información sobre ropa y moda.

COMUNICACIÓN

- Sé explicar y preguntar sobre los hábitos diarios.
- Soy capaz de preguntar y contestar a mis compañeros sobre el aspecto físico de otras personas.
- Sé preguntar y contestar a mis compañeros sobre dónde estuvimos el fin de semana.

HABLAR

- Puedo hablar sobre mis sentimientos acerca de los animales.
- Sé decir las características físicas de una persona.
- Soy capaz de describir un viaje con frases sencillas.

ESCRIBIR

- Soy capaz de escribir pequeños textos sobre animales domésticos.
- Puedo escribir una carta o un *e-mail.* describiéndome a mí y a mis compañeros.
- Puedo contar por escrito una excursión con mi familia o amigos.

Vocabulario

UNIDAD 1 ¡Hola!

TRADUZCO Y APRENDO

Objetos de la clase

- lápiz
- bolígrafo
- pizarra
- borrador
- regla
- mochila
- diccionario
- libro
- mesa
- silla

Colores

- azul
- rosa
- negro
- blanco
- verde
- marrón
- rojo
- amarillo

■ **Para comunicarme**

1 ¿Cómo te llamas?

2 Me llamo...

3 ¿Cuántos años tienes?

4 Tengo doce años.

5 ¿Cuál es tu número de teléfono?

6 El 9-1-4-5-6-7-8-9-4.

VOCABULARIO EXTRA

1 Relaciona las siguientes palabras con las fotos. Después, tradúcelas.

tijeras • calculadora • sacapuntas • tiza • tablón de anuncios
pegamento • ordenador • estantería • cuaderno
grapadora • borrador de la pizarra • mapa

1

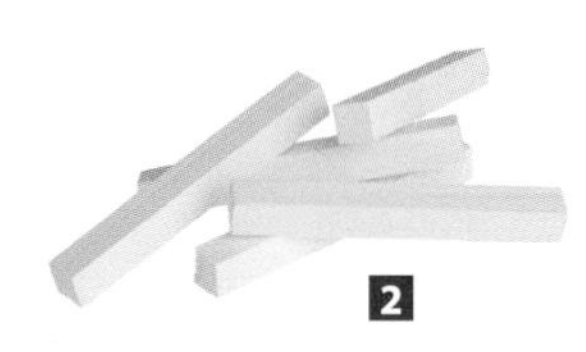

2

3

4

5

6

7

8

9

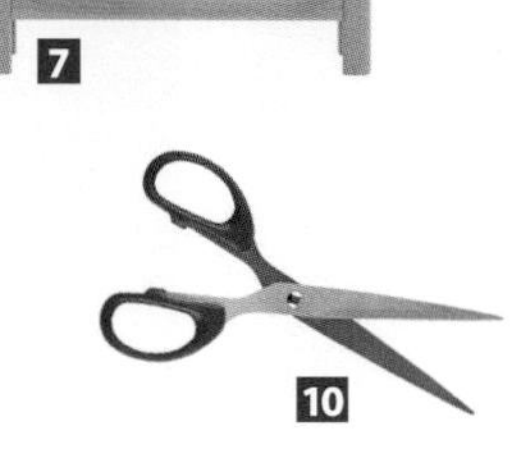

10

11

12

2 ¿Qué hay en tu mochila?

En mi mochila hay...

TRADUZCO Y APRENDO

Países y nacionalidades

- Guatemala
- guatemalteco
- México
- mexicano
- Honduras
- hondureño
- El Salvador
- salvadoreño
- Nicaragua
- nicaragüense
- Cuba
- cubano
- Bolivia
- boliviano
- Uruguay
- uruguayo
- España
- español
- Ecuador
- ecuatoriano
- Puerto Rico
- puertorriqueño
- Costa Rica
- costarricense

■ **Para comunicarme**

1 ¡Hola, buenos días!
2 ¡Qué bien!
3 ¡Qué cerca!
4 ¿Vamos a la biblioteca?
5 No, a la biblioteca no.
6 Vale, vamos.

Días de la semana

- lunes
- martes
- miércoles
- jueves
- viernes
- sábado
- domingo

Asignaturas

- Matemáticas
- Educación Física
- Informática
- Música
- Lengua
- Ciencias Sociales
- Español
- Educación Plástica
- Religión
- Francés
- Inglés
- Ciencias Naturales

VOCABULARIO EXTRA

1 Relaciona las siguientes palabras con los diferentes lugares señalados en el mapa. Después, tradúcelas.

Norte • Europa • América del Sur • Océano Atlántico • América del Norte • África
Océano Pacífico • Este • Asia • Oeste • América Central • Oceanía • Sur

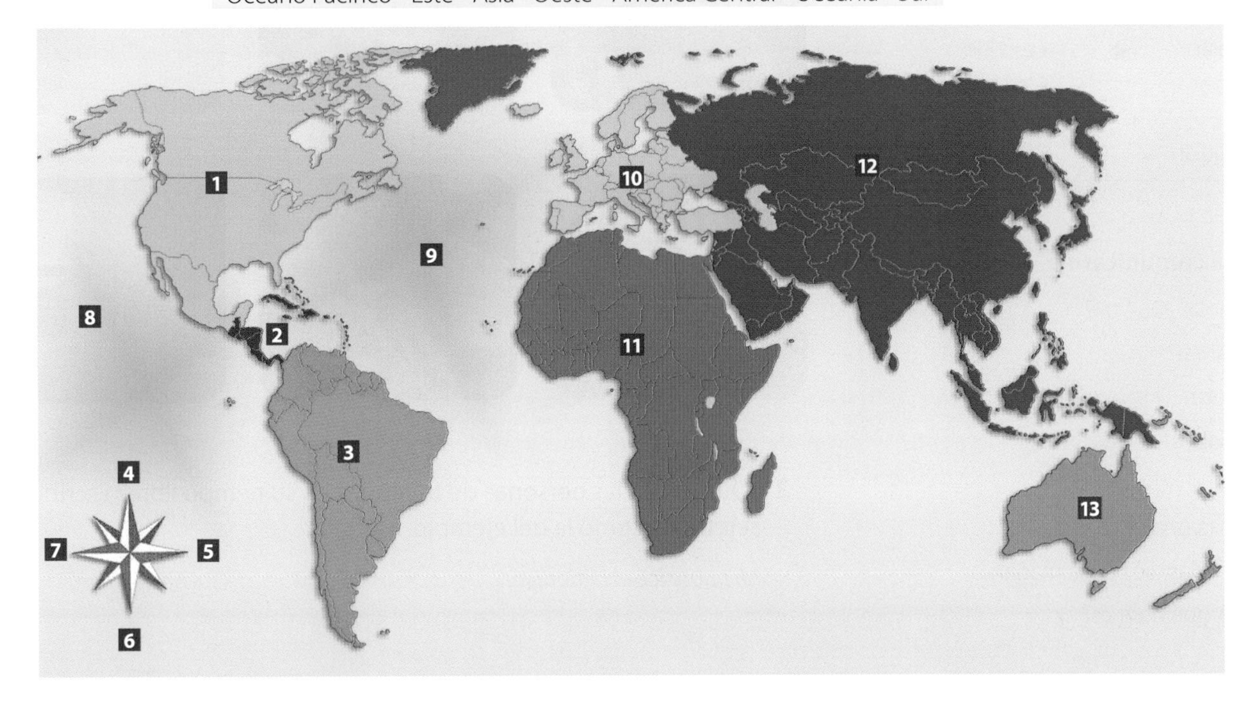

2 Escribe seis frases sobre países y continentes.

Chile y Argentina están en América del Sur.

TRADUZCO Y APRENDO

Familia

- abuelo
- abuela
- padres
- padre
- madre
- hermano
- hermana
- tío
- tía
- primo
- prima
- marido
- mujer
- hijo
- hija
- sobrino
- sobrina

Verbos

- hablar
- comer
- vivir
- estudiar
- escribir
- trabajar
- tener
- ser

Para comunicarme

1 ¡Hola! ¿Qué tal?
2 ¿Ah, sí?
3 ¿Y tú?
4 ¿Sabes?
5 ¿Qué hora es?
6 Es la una de la tarde.
7 Son las diez de la mañana.
8 ¿A qué hora es?

VOCABULARIO EXTRA

1 Relaciona las siguientes palabras con las fotos. Después, tradúcelas.

quedar con los amigos • ver la televisión • hacer deporte • ir al cine
aprender a cocinar • leer • ordenar mi habitación • escuchar música
jugar con el ordenador • dibujar • ir de compras • visitar a la familia

1

2

3

4

5

6

7

8

9

10

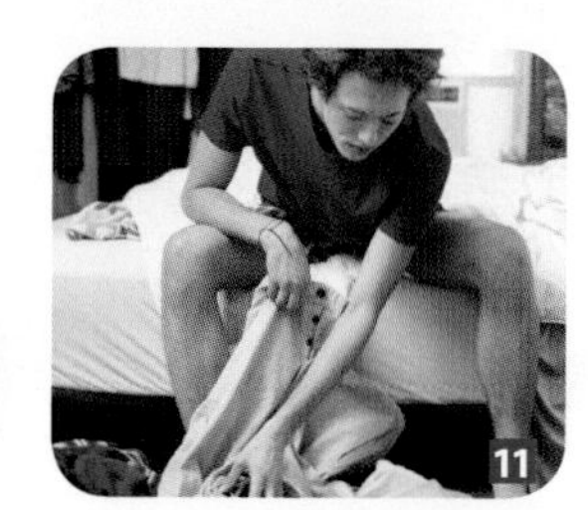
11

12

2 ¿Qué hacen las personas de tu familia en su tiempo libre? Escribe seis frases como la del ejemplo.

Mi padre lee el periódico.

TRADUZCO Y APRENDO

Comidas y bebidas

• filete	• zanahoria	• bocadillo	• uvas	• tomate	• verdura
• zumo	• cebolla	• azúcar	• trucha	• plátano	• pera
• pasta	• patata	• sal	• naranja	• pollo	• melocotón
• leche	• mantequilla	• chocolate	• huevos	• pescado	• helado
• pan	• agua	• paella	• manzana	• fruta	• tarta
• queso	• hamburguesa	• macarrones	• flan	• carne	• ensalada

Para comunicarme

1 ¿Me pasas la sal, por favor?
2 Sí, toma.
3 ¡Qué rico!
4 ¿Quieres agua?
5 Sí, gracias.
6 No, gracias; mejor un zumo.
7 ¿Te gusta la fruta?
8 Sí, me gusta mucho.
9 No me gusta mucho.
10 No, no me gusta nada.

VOCABULARIO EXTRA

1 Relaciona las siguientes palabras con las fotos. Después, tradúcelas.

sandía • miel • cereales • salchichas • salmón • tortilla de patatas • limones
gambas • piña • aceitunas • maíz • huevos fritos

2 ¿Qué alimentos lleva tu pizza favorita? ¿Y tu hamburguesa?

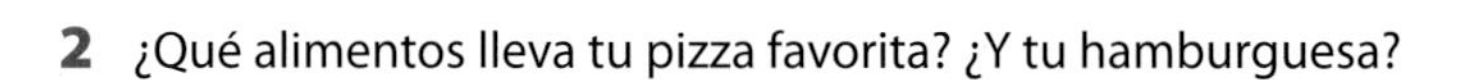

TRADUZCO Y APRENDO

Partes de la casa

- salón
- comedor
- terraza
- recibidor
- cocina
- jardín
- cuarto de baño
- dormitorio

Tipos de casa y alojamiento

- piso
- apartamento
- chalé adosado
- chalé individual
- *camping*
- cabaña
- caravana
- granja

Mobiliario

- mesa
- espejo
- lámpara
- fregadero
- armario
- cama
- estantería
- frigorífico
- alfombra
- lavabo
- lavadora
- cocina
- cuadro
- ducha
- ordenador
- sillón
- silla
- teléfono
- bañera
- sofá
- televisión
- radio

Adjetivos

- grande
- pequeño
- nuevo
- viejo
- cómodo
- incómodo
- moderno
- antiguo
- bonito
- feo

Para comunicarme

1 ¡Qué casa más grande!

2 ¿Dónde está el cuarto de baño?

3 ¿Cómo es tu casa?

VOCABULARIO EXTRA

1 Relaciona las siguientes palabras con las fotos. Después, tradúcelas.

balcón • toalla • chimenea • garaje • horno • lavavajillas • tejado • mesilla • cojín • florero • buhardilla • despacho

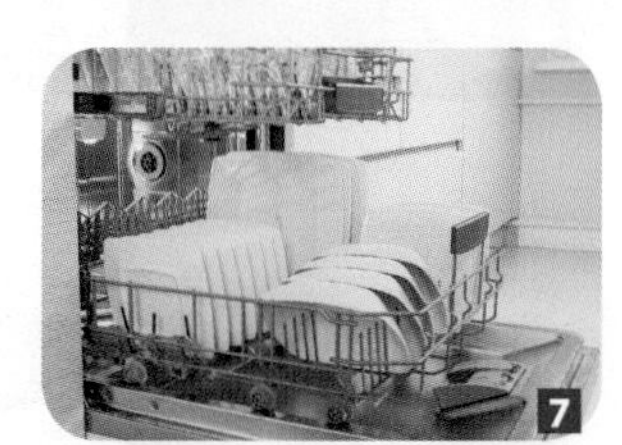

2 Escribe seis frases sobre las cosas que haces en las distintas habitaciones de tu casa.

Escucho música en mi habitación.

TRADUZCO Y APRENDO

Lugares, edificios y comercios

- restaurante
- hotel
- iglesia
- parque
- instituto
- museo
- farmacia
- biblioteca
- cine
- polideportivo
- supermercado
- oficina de correos
- librería
- estación de tren

Marcadores espaciales

- detrás
- delante
- al lado
- entre
- enfrente
- cerca
- a la izquierda
- a la derecha

Profesiones

- médico/-a
- cajero/-a
- bibliotecario/-a
- sacerdote
- camarero/-a
- profesor(a)
- librero/-a
- jardinero/-a
- farmacéutico/-a
- dependiente/-a

Verbos

- cerrar
- ir
- venir
- abrir
- pegar
- cortar
- tomar
- mezclar
- pintar
- aprender
- recortar
- bailar

■ **Para comunicarme**

1 ¿A dónde vas?
2 ¿Vienes conmigo?
3 ¿A qué hora cierra?
4 ¡Estupendo!
5 ¿Dónde está tu casa?
6 Vamos en bici.

VOCABULARIO EXTRA

1 Relaciona las siguientes palabras con los dibujos en su forma correcta. Después, tradúcelas.

taxista • cartero/-a • camionero/-a • granjero/-a • informático/-a
policía • enfermero/-a • vendedor(a) de periódicos • veterinario/-a
barrendero/-a • bombero/-a • conductor(a) de autobús

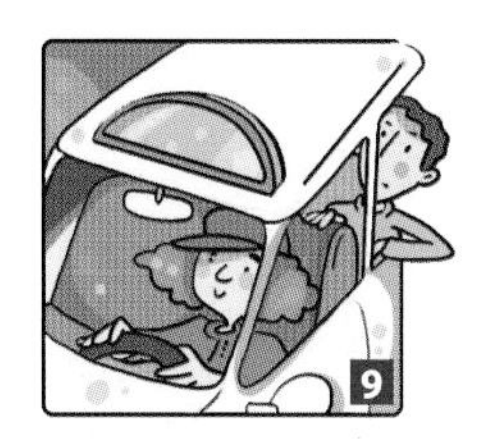

2 Escribe seis frases sobre las profesiones de las personas de tu familia.

Mi tío es cartero.

TRADUZCO Y APRENDO

Meses del año

- enero
- febrero
- marzo
- abril
- mayo
- junio
- julio
- agosto
- septiembre
- octubre
- noviembre
- diciembre

Animales

- vaca
- león
- elefante
- oveja
- cerdo
- caballo
- delfín
- tiburón
- serpiente
- mono
- ciervo
- gallina
- yegua
- potro
- cebra
- tigre

Verbos

- levantarse
- lavarse
- acostarse
- sentarse
- ducharse
- bañarse
- vestirse
- afeitarse
- salir
- llegar
- volver
- jugar

Para comunicarme

1 ¡Mira, un león!

2 ¡Vamos!

3 ¡Qué pequeño es!

4 ¿Qué haces cuando llegas a casa?

5 ¿Qué dice el tío Justo?

VOCABULARIO EXTRA

1 Relaciona las siguientes palabras con las fotos. Después, tradúcelas.

cabra • pato • foca • tigre • toro • cigüeña • loro • pingüino • flamenco • hipopótamo • oso • cocodrilo

2 Describe seis animales, como en el ejemplo.

El oso es grande. Tiene cuatro patas y el pelo oscuro o blanco.

TRADUZCO Y APRENDO

Partes del cuerpo

- cabeza
- brazo
- pecho
- mano
- estómago
- dedos
- pierna
- pie
- cuello
- espalda

Partes de la cabeza

- orejas
- ojos
- cara
- pelo
- nariz
- labios
- dientes
- muelas
- boca

Para comunicarme

1 ¿Cómo es tu amigo?
2 ¿Cómo tiene los ojos?
3 Es muy simpático.
4 Es joven, alto y guapo.
5 Tiene las manos muy grandes.
6 Tiene las manos bastante grandes.
7 Tiene las manos un poco grandes.

Adjetivos

- alto
- bajo
- guapo
- feo
- delgado
- grueso
- joven
- mayor
- simpático
- antipático
- corto
- largo
- rizado
- liso
- rubio
- moreno

VOCABULARIO EXTRA

1 Relaciona las siguientes palabras con las fotos. Después, tradúcelas.

desordenado/-a • tímido/-a • generoso/-a • perezoso/-a • ordenado/-a • serio/-a
maleducado/-a • educado/-a • nervioso/-a • tranquilo/-a • inteligente • amable

2 Describe a seis personas de tu familia o a seis amigos.

Mi hermano es generoso y amable, pero es muy perezoso.

TRADUZCO Y APRENDO

Ropa

- abrigo
- sudadera
- cazadora
- zapatos
- zapatillas de deporte
- pantalones
- falda
- bufanda
- jersey
- camisa
- chaqueta
- vaqueros
- gorra
- chándal
- guantes
- camiseta
- corbata
- vestido

Interrogativos

- ¿Quién?
- ¿Cuándo?
- ¿Dónde?
- ¿Qué?
- ¿Cuál?
- ¿Cuánto?
- ¿Por qué?

Para comunicarme

1 Ayer por la mañana.
2 La semana pasada.
3 Hace un mes.
4 ¿Qué desea?
5 ¿De qué talla?
6 ¿Puedo probarme...?
7 ¿Desea algo más?
8 ¿Qué precio tiene?
9 ¿Dónde quedamos?
10 ¿A qué hora quedamos?

VOCABULARIO EXTRA

1 Relaciona las siguientes palabras con los dibujos. Después, tradúcelas.

gafas de sol • bolso • calcetines de lana • bañador • pendientes
gorro de lana • forro polar • chanclas • sombrero de paja • mochila • botas

2 ¿Qué ropa llevas en las distintas estaciones del año?

Resumen gramatical

1 VERBOS

REGULARES

Presente

HABLAR	COMER	VIVIR
hablo	como	vivo
hablas	comes	vives
habla	come	vive
hablamos	comemos	vivimos
habláis	coméis	vivís
hablan	comen	viven

REFLEXIVOS

Presente

DUCHARSE
me ducho
te duchas
se ducha
nos duchamos
os ducháis
se duchan

PRONOMINALES

Presente

LLAMARSE
me llamo
te llamas
se llama
nos llamamos
os llamáis
se llaman

IRREGULARES

Presente

CONOCER	DAR	DECIR	DORMIR	EMPEZAR	HACER
conozco	doy	digo	duermo	empiezo	hago
conoces	das	dices	duermes	empiezas	haces
conoce	da	dice	duerme	empieza	hace
conocemos	damos	decimos	dormimos	empezamos	hacemos
conocéis	dais	decís	dormís	empezáis	hacéis
conocen	dan	dicen	duermen	empiezan	hacen

JUGAR	PODER	PONER	QUERER	SABER	SALIR
juego	puedo	pongo	quiero	sé	salgo
juegas	puedes	pones	quieres	sabes	sales
juega	puede	pone	quiere	sabe	sale
jugamos	podemos	ponemos	queremos	sabemos	salimos
jugáis	podéis	ponéis	queréis	sabéis	salís
juegan	pueden	ponen	quieren	saben	salen

SER		ESTAR		IR	
Presente	Pretérito indefinido	Presente	Pretérito indefinido	Presente	Pretérito indefinido
soy	fui	estoy	estuve	voy	fui
eres	fuiste	estás	estuviste	vas	fuiste
es	fue	está	estuvo	va	fue
somos	fuimos	estamos	estuvimos	vamos	fuimos
sois	fuisteis	estáis	estuvisteis	vais	fuisteis
son	fueron	están	estuvieron	van	fueron

IMPERATIVO (tú)

REGULARES			IRREGULARES					
HABLAR	COMER	VIVIR	CERRAR	VENIR	PONER	IR	HACER	JUGAR
habla	come	vive	cierra	ven	pon	ve	haz	juega

2 ALFABETO

Vocales

a e i o u

Consonantes

	Nombre	Sonido	Ejemplos
b	be	/b/	*banco, abuelo, beber*
c	ce	c + a, o, u = /k/ c + i, e = /θ/	*casa, Cuba, cuatro* *Cecilia, cine, cerrado*
d	de	/d/	*dientes, cazadora*
f	efe	/f/	*febrero, bufanda*
g	ge	g + a, o, u = /g/ gu + e, i = /g/ g + e, i = /x/	*agua, gambas, gota* *guerra, guitarra* *Gibraltar, genio*
h	hache	-	*hotel, helado, hospital*
j	jota	/x/	*jirafa, jefe, Juan*
k	ka	/k/	*kilómetro*
l	ele	/l/	*luna, limón*
m	eme	/m/	*mira, Madrid*
n	ene	/n/	*nunca, nada, no*
ñ	eñe	/ɲ/	*año, niña*
p	pe	/p/	*pan, Pepe*
qu	cu	qu + e, i = /k/	*quiero, queso, química*
r	erre	/r/ entre vocales /r̄/ al principio de palabra, entre vocales y detrás de ***n*** y ***l***	*ópera, pero, oro* *Rosa, perro, Enrique*
s	ese	/s/	*casa, sol, siete*
t	t	/t/	*tío, tú, tomate*
v	uve	/b/	*vino, Valencia, avión*
w	uve doble	/u/ /b/	*waterpolo* *Wagner*
x	equis	/ks/	*taxi, examen*
y	ye / i griega	/i/ vocal /j/ consonante	*Ana y Julia* *yogur, leyes*
z	zeta	/θ/	*Zaragoza, zapatos*

3 NOMBRES: masculino o femenino

- En español, los nombres de las cosas tienen género masculino o femenino:

el libro, el bolígrafo, el hotel
la casa, la ventana, la ciudad, la noche

- Muchos nombres de personas y animales tienen género masculino y femenino:

el gato

la gata

el profesor *la profesora*

- Algunos nombres de animales tienen solo un género:

la hormiga *el delfín*

4 NOMBRES: singular o plural

- Los nombres tienen número gramatical (singular y plural):

el hotel – los hoteles
la ventana – las ventanas
el profesor – los profesores

5 ADJETIVOS

- Los adjetivos tienen el mismo género y número que el nombre al que acompañan:

*hotel **caro***
*hoteles **caros***

*gato **blanco***
*gatos **blancos***

*gata **blanca***
*gatas **blancas***

6 ARTÍCULOS DETERMINADOS E INDETERMINADOS

DETERMINADOS

	masculino	femenino
singular	**el** profesor	**la** mochila
plural	**los** profesores	**las** mochilas

*¿Dónde están **las** mochilas de las niñas?*

INDETERMINADOS

	masculino	femenino
singular	**un** móvil	**una** videoconsola
plural	**unos** móviles	**unas** videoconsolas

*Tengo **un** móvil nuevo.*

7 DEMOSTRATIVOS

	masculino			femenino		
singular	este	ese	aquel	esta	esa	aquella
plural	estos	esos	aquellos	estas	esas	aquellas

***Este** coche me gusta más que **aquel**.*

	neutro		
singular	esto	eso	aquello

***Esto** no tiene solución.*

- Se utilizan los demostrativos neutros cuando no conocemos el género del objeto al que nos referimos:

*¿Qué es **aquello**?*
*Toma, **esto** es para ti.*

8 POSESIVOS

	singular	plural
(yo)	mi	mis
(tú)	tu	tus
(él / ella / Ud.)	su	sus
(nosotros/-as)	nuestro/-a	nuestros/-as
(vosotros/-as)	vuestro/-a	vuestros/-as
(ellos / ellas / Uds.)	su	sus

***Mi** tío es director de cine.*
*¿Cómo están **tus** abuelos, Carlos?*
***Nuestra** hija mayor está estudiando Periodismo.*

9 PRONOMBRES PERSONALES

Sujeto	Reflexivo
yo	me
tú	te
él / ella / Ud.	se
nosotros/-as	nos
vosotros/-as	os
ellos / ellas / Uds.	se

- *¿De dónde eres **tú**?*
- ***Yo** soy de Colombia.*

*Clara **se** levanta todos los días a las siete y cuarto.*

10 VERBOS REFLEXIVOS Y PRONOMINALES

	REFLEXIVOS levantarse	PRONOMINALES llamarse
yo	**me** levanto	**me** llamo
tú	**te** levantas	**te** llamas
él / ella / Ud.	**se** levanta	**se** llama
nosotros/-as	**nos** levantamos	**nos** llamamos
vosotros/-as	**os** levantáis	**os** llamáis
ellos / ellas / Uds.	**se** levantan	**se** llaman

*¿A qué hora **se levanta** Pepe?*
*¿Cómo **se llama** tu hermana?*

11 *HAY*

- Se utiliza para expresar existencia. Solo se usa esta forma de 3.ª persona del singular:

*Sí **hay** leche en casa.*
*No **hay** naranjas en el frigorífico.*
***Hay** una naranja encima de la mesa.*

12 VERBO *GUSTAR* Y *DOLER*

(a mí)	me	
(a ti)	te	
(a él / ella / Ud.)	le	gusta / duele
(a nosotros/-as)	nos	gustan / duelen
(a vosotros/-as)	os	
(a ellos / ellas / Uds.)	les	

*A Luis y Juanjo no **les gusta** el fútbol.*
*A mí **me gustan** mucho las piruletas.*
*A Pablo **le duelen** las piernas.*
*Ya no **me duele** la mano.*

13 INTERROGATIVOS

- ¿Qué?
- ¿Cómo?
- ¿Quién(es)?
- ¿Dónde?
- ¿Cuándo?
- ¿Cuánto/-a/-os/-as?
- ¿Por qué?
- ¿Cual(es)?

*¿**Qué** ropa te gusta más?*
*¿**Cómo** se llama la profesora nueva?*
*¿**Quién** tiene mi bolígrafo?*
*¿**Dónde** están Carlos y Rosa?*
*¿**Cuándo** es tu cumpleaños?*
*¿**Cuánto** cuesta este móvil?*
*¿**Cuánta** leche quieres?*
*¿**Cuántos** libros tienes?*
*¿**Cuántas** chicas hay en esta clase?*
*¿**Por qué** estás enfadado?*
*¿**Cuál** es tu número de móvil?*
*¿**Cuáles** son tus compañeros?*

14 MARCADORES DE LUGAR

- encima
- debajo
- detrás
- delante
- al lado
- a la izquierda
- a la derecha
- enfrente
- entre
- lejos
- cerca

*La librería está **al lado** de la iglesia.*
*El ordenador está **encima** de la mesa.*

15 NÚMEROS

1	uno	26	veintiséis
2	dos	27	veintisiete
3	tres	28	veintiocho
4	cuatro	29	veintinueve
5	cinco	30	treinta
6	seis	31	treinta y uno
7	siete	32	treinta y dos
8	ocho	40	cuarenta
9	nueve	50	cincuenta
10	diez	60	sesenta
11	once	70	setenta
12	doce	80	ochenta
13	trece	90	noventa
14	catorce	100	cien
15	quince	101	ciento uno
16	dieciséis	200	doscientos
17	diecisiete	300	trescientos
18	dieciocho	400	cuatrocientos
19	diecinueve	500	quinientos
20	veinte	600	seiscientos
21	veintiuno	700	setecientos
22	veintidós	800	ochocientos
23	veintitrés	900	novecientos
24	veinticuatro	1000	mil
25	veinticinco	2000	dos mil

Esta televisión cuesta ***seiscientos veinticinco*** *euros.*
Jorge tiene ***quince*** *años y Amelia,* ***dieciséis.***

16 ORDINALES

1.º primero / primera / primeros / primeras (primer)
2.º segundo/-a/-os/-as
3.º tercero/-a/-os/-as (tercer)
4.º cuarto/-a/-os/-as
5.º quinto/-a/-os/-as
6.º sexto/-a/-os/-as
7.º séptimo/-a/-os/-as
8.º octavo/-a/-os/-as
9.º noveno/-a/-os/-as
10.º décimo/-a/-os/-as

- Los adjetivos ordinales tienen cuatro terminaciones. Además **primero** y **tercero** pierden la **o** final ante un nombre masculino singular:

  Nosotros vivimos en el ***tercero*** *izquierda.*
  Eduardo es el ***tercer*** *hijo de Ana y Luis.*

17 ACENTOS: palabras agudas, llanas y esdrújulas

En español casi todas las palabras tienen una sílaba más fuerte que las otras. Puede ser la última, la penúltima o la antepenúltima.

- Cuando la sílaba tónica es la última, se llaman palabras **agudas:**

  *ba**lón**, Pa**rís**, traba**jar**, lec**ción**, uni**dad**, can**tó**, Ma**drid**, orangu**tán** , profe**sor***

- Cuando la sílaba tónica es la penúltima, se llaman palabras **llanas:**

  *ven**ta**na, **li**bro, **me**sa, za**pa**to, pe**lo**ta, **fút**bol, **lá**piz, pro**gra**ma, **mó**vil*

- Cuando la sílaba tónica es la antepenúltima se llaman palabras **esdrújulas:**

  ***á**cido, **mú**sica, **mé**dico, te**lé**fono, e**léc**trico, eco**ló**gico, bo**lí**grafo, **ó**pera, **quí**mica*

Transcripciones

PUNTO DE PARTIDA

1 Ejercicio 2

banco; león; fútbol; gato; flamenco; museo; metro; playa; hospital; hotel; televisión; tenis; limón; moto; judo; euro

2 Ejercicio 3

ABECEDARIO ESPAÑOL

a – abuelo; be – bolígrafo; ce – casa; de – dinero; e – elefante; efe – foto; ge – gato; hache – hoja; i – isla; jota – jardín; ka – koala; ele – lápiz; eme – mesa; ene – número; eñe – niño; o – oso; pe – padre; cu – queso; erre – reloj; ese – silla; te – tomate; u – uva; uve – vaso; uve doble – waterpolo; equis – xilófono; ye – yogur; zeta – zoo

UNIDAD 1 **¡Hola!**

VOCABULARIO

3 Ejercicio 2

1 ¿Lo puedes repetir, por favor? **2** ¿Qué significa «reloj»? **3** Lo siento, pero no te entiendo. **4** ¿Cómo se dice «computer» en español? **5** ¿Puedes hablar más despacio, por favor?

4 Ejercicios 3 y 4

1 • ¿Lo puedes repetir, por favor?
  ▪ Sí, claro.
2 • ¿Me entiendes?
  ▪ Lo siento, pero no te entiendo bien.
3 • ¿En qué página estamos?
  ▪ Estamos en la página 6.
4 • ¿Cómo se deletrea «cuaderno»?
  ▪ Ce-u-a-de-e-erre-ene-o.

5 Ejercicio 5

a – be – ce – de – e – efe – ge – hache – i – jota – ka – ele – eme – ene – eñe – o – pe – cu – erre – ese – te – u – uve – uve doble – equis – ye – zeta

6 Ejercicio 7

• ¿Cómo te llamas?
▪ Jesús Jiménez.
• ¿Con ge o con jota?
▪ Con jota.

• ¿Cómo te llamas?
▪ Pedro Álvarez.
• ¿Con be o con uve?
▪ Con uve.

• ¿Cómo te llamas?
▪ Elena Haro.
• ¿Con hache o sin ella?
▪ Con hache.

7 Ejercicio 10

- ¡Hola! Me llamo Daniel y tengo doce años. Soy de Sevilla, en el sur de España. Mi padre es mecánico y mi madre es camarera.
- ¡Hola!, ¿qué tal? Me llamo Beatriz y tengo trece años. Soy de Barcelona, junto al mar Mediterráneo. Mi hermano Juan tiene ocho años y es muy buen estudiante.

GRAMÁTICA

Pronunciación y ortografía

8 Ejercicio 8

hotel; helado; hospital

9 Ejercicio 9

hola; hoja; humo; huevo; hache; ahora; hijo

Para aprender

10 Ejercicio 10

¿Cómo se escribe «hola»? / ¿Qué significa «humo»? / ¿Cómo se dice en español «hello»?

COMUNICACIÓN

11 Ejercicio 1

JORGE: ¡Hola!, ¿qué tal? Me llamo Jorge. Y tú, ¿cómo te llamas?
GRACIELA: ¡Hola, me llamo Graciela! Tengo trece años y soy argentina.
JULIA: ¡Hola! Me llamo Julia y tengo catorce años. Mi número de teléfono es nueve uno, cinco cero seis, dos tres, cinco siete. ¿Cuál es tu número de teléfono?
PABLO: ¡Hola!, ¿qué tal? Me llamo Pablo. Tengo doce años. Y tú, ¿cuántos años tienes?

12 Ejercicio 4

uno; dos; tres; cuatro; cinco; seis; siete; ocho; nueve; diez; once; doce; trece; catorce; quince; dieciséis; diecisiete; dieciocho; diecinueve; veinte

13 Ejercicio 8

1 ¿Qué tal? Soy española, de Sevilla, en el sur de España. Me llamo Rocío. Tengo doce años, pero pronto cumpliré los trece. Si deseas llamarme, mi número de teléfono es seis cuatro cinco, nueve ocho, tres cuatro, dos uno.
2 ¡Hola! ¿Cómo están?, me llamo Augusto y tengo trece años. Mi hermano se llama Juan y tiene quince años. Mi número de teléfono es nueve uno, ocho cinco seis, cuatro nueve, dos uno.
3 ¡Hola! Soy de Madrid. Me llamo Iván y tengo catorce años. Me gustaría que me llamaseis a mi teléfono. Es el nueve uno, cinco siete siete, seis cuatro, tres dos.

DESTREZAS

14 Ejercicio 2

A-11; A-2; C-6; C-3; E-7; B-4; D-7; E-6; D-10; A-1; C-11; B-20

UNIDAD 2 **Países de habla hispana**

VOCABULARIO

15 Ejercicio 1

1 México; **2** Cuba; **3** República Dominicana; **4** Puerto Rico; **5** Honduras; **6** Nicaragua; **7** Guatemala; **8** El Salvador; **9** Costa Rica; **10** Panamá; **11** Venezuela; **12** Colombia; **13** Ecuador; **14** Perú; **15** Bolivia; **16** Chile; **17** Argentina; **18** Uruguay; **19** Paraguay; **20** España

16 Ejercicio 3

El español es una lengua muy importante internacionalmente. Es la lengua oficial de España, México, los países de América Central y la mayoría de los países de América del Sur. Es la tercera lengua más hablada del mundo, pues la hablan más de cuatrocientos cincuenta millones de personas. En Estados Unidos es el segundo idioma y se usa frecuentemente en la radio y la televisión.
El español también se llama «castellano» porque nació en Castilla, en el centro de España.

17 Ejercicio 5

lunes; martes; miércoles; jueves; viernes; sábado; domingo

18 Ejercicio 6

primero / primera; segundo / segunda; tercero / tercera; cuarto / cuarta; quinto / quinta; sexto / sexta; séptimo / séptima; octavo / octava; noveno / novena; décimo / décima

19 Ejercicio 8

Ciencias Naturales; Ciencias Sociales; Educación Física; Francés; Lengua; Español; Matemáticas; Música; Educación Plástica; Religión; Informática

COMUNICACIÓN

20 Ejercicio 1

En la clase

PROFESORA: ¡Hola, buenos días!
ALUMNOS: ¡Buenos días!
PROFESORA: Esta es la compañera nueva. Habla español como nosotros, pero no es española. Siéntate en esta mesa, al lado de Julia.
JULIA: ¡Qué bien! Somos compañeras. ¿Cómo te llamas?
GRACIELA: Me llamo Graciela.
JULIA: ¿De dónde eres, Graciela?
GRACIELA: Yo soy argentina, pero mis padres son españoles.
(Saliendo de clase)
JULIA: ¿Dónde vives en Argentina?
GRACIELA: En Buenos Aires.
JULIA: Y aquí, ¿dónde vives?
GRACIELA: En la calle de Cervantes, cuarenta y tres. ¿Y vos?
JULIA: En la Plaza Mayor.
GRACIELA: ¡Qué cerca! ¿Vamos a la biblioteca?
JULIA: Vale, vamos.

21 Ejercicio 6
veintiuno; veintidós; veintitrés; veinticuatro; veinticinco; veintiséis; veintisiete; veintiocho; veintinueve; treinta; treinta y uno; treinta y dos; treinta y tres; cuarenta; cincuenta; sesenta; setenta; ochenta; noventa; cien

22 Ejercicio 7
a trece**;** **b** setenta y cinco; **c** veintidós; **d** treinta y siete; **e** ochenta y cuatro; **f** cuarenta y uno

23 Ejercicio 9
• ¿Vamos al parque?
▪ No, al parque no.
• ¿Vamos al cine?
▪ Vale, vamos.

Pronunciación y ortografía

24 Ejercicio 11
a; e; i; o; u

25 Ejercicio 12
azul; casa; mesa; policía; escribir; matemáticas; lápiz; Pepe; Pili; mamá; beber; vivir; tonto; uno

DESTREZAS

26 Ejercicio 3
Mira, estos son Rubén y Violeta, son mexicanos, de Puebla. Son compañeros de clase, estudian en el mismo instituto. Rubén tiene doce años y Violeta, trece. A Rubén le gusta la Historia y el fútbol. A Violeta le gustan las Matemáticas y también le gusta el fútbol. Los sábados y los domingos vamos los tres, ellos y yo, al campo a jugar al fútbol.

UNIDAD 3 **La familia**

VOCABULARIO

27 Ejercicio 1
abuelo; abuela; madre; padre; tío; tía; hermano; hermana; primo; prima

28 Ejercicio 2
¡Hola! Soy David y este es el árbol genealógico de mi familia. Mi abuelo se llama Carlos y mi abuela, Juana. Tienen tres hijos: Alicia, que es mi madre, mi tío Roberto y mi tía Carmen, que es la más pequeña de los tres hermanos. Mi tío Roberto está casado con mi tía Pilar; los dos son médicos y tienen dos hijos, que son mi primo Álvaro y mi prima Paloma. Álvaro tiene seis años y Paloma doce. Mi tía Carmen no está casada: es profesora. Mi padre se llama Luis y trabaja en un banco. Nacho es mi hermano mayor y María es mi hermana pequeña.

29 Ejercicio 3
1 Carlos y Juana son los abuelos de David. **2** Alicia y Luis son los padres de David, María y Nacho. **3** Alicia es la mujer de Luis. **4** Luis es el marido de Alicia. **5** David y Nacho son sus hijos. **6** María es su hija. **7** Carlos y Juana tienen cinco nietos, dos nietas y tres nietos. **8** David es el sobrino de Roberto y Carmen. **9** Paloma es la sobrina de Alicia.

30 Ejercicio 6
Javier Rodríguez es madrileño. Vive en Getafe, un pueblo cerca de Madrid. Javier tiene una hermana pequeña, se llama Alejandra, y en la misma casa vive también Manolo, su abuelo. El padre de Javier es camionero, y de lunes a viernes trabaja fuera de Madrid. La madre, Catalina, es enfermera. Javier estudia el segundo curso de Educación Secundaria Obligatoria en el instituto de su barrio.

31 Ejercicio 9
Leonora es una india arahuaca. Vive en un pueblo en la montaña colombiana. Allí los niños no estudian en el colegio porque no hay, pero sus padres les enseñan las tradiciones indias. El hermano pequeño de Leonora se llama Miguel. Su padre es agricultor y también tiene vacas. Normalmente vende sus productos en los pueblos vecinos. Las mujeres y las niñas bordan mochilas con dibujos de la naturaleza: animales, plantas... Todos los arahuacos tienen mochilas bordadas. En Colombia viven un millón de indios. Los arahuacos son unos dieciocho mil.

COMUNICACIÓN

32 Ejercicio 1
A la hora del recreo
JULIA: Mira, Graciela, estos son mis primos Pablo y Jorge.
GRACIELA: ¡Hola!, ¿qué tal?, ¿cómo están?
PABLO Y JORGE: ¡Hola!, ¿qué tal?
JULIA: Son hijos de la profesora de Música.
GRACIELA: ¿Ah, sí? ¿La señorita Aurora es su madre?
JORGE: Sí, y mi hermana Irene también estudia en este colegio.
PABLO: ¿Y tú?, ¿tienes hermanos?
GRACIELA: Sí, tengo un hermano. Vive en Buenos Aires con mis padres. Yo vivo aquí con mis tíos.
JULIA: ¿Sabes? Pablo y Jorge viven cerca de tu casa. ¿Qué hora es?
PABLO: Son las once y media. ¡A clase!
JULIA: ¿Dónde vamos esta tarde?
JORGE: Después de comer vamos a casa del abuelo. ¿Te vienes, Graciela?
GRACIELA: ¡Bárbaro!
JULIA: ¡Qué bien! Así te enseñamos su casa.

33 Ejercicio 5
Son las tres y cinco. / Son las tres y diez. / Son las tres y cuarto. / Son las tres y veinte. / Son las tres y veinticinco. / Son las tres y media. / Son las cuatro menos veinticinco. / Son las cuatro menos veinte. / Son las cuatro menos cuarto. / Son las cuatro menos diez. / Son las cuatro menos cinco. / Son las cuatro en punto.

34 Ejercicio 6
1 • ¿Qué hora es?
▪ Son las once y media.
2 • ¿Qué hora es?
▪ Son las dos y veinte.
3 • ¿Qué hora es?
▪ Es la una y cuarto.
4 • ¿Qué hora es?
▪ Son las siete menos diez.

Pronunciación y ortografía

35 Ejercicio 8
azul; bicicleta; cinco; marzo; zapato

36 Ejercicio 10
1 cine; **2** once; **3** zumo; **4** zoo; **5** baloncesto; **6** ciclismo; **7** ciudad; **8** zona; **9** pizarra; **10** habitación

DESTREZAS

37 Ejercicio 3
Señoras y señores, les informamos de la programación de Televisión Española para hoy sábado. A las tres de la tarde, *Telediario 1*, programa informativo. A las tres y media, *Vuelta ciclista a España*, decimotercera etapa. A las cuatro y media, documental sobre *El león africano*. A las cinco y media, *Club Megatrix*, programa infantil que incluye los dibujos animados de *Tiny Toons*. A las siete en punto, fútbol, partido entre Real Madrid y Barcelona. Por la noche, a las nueve y media, cine, hoy tenemos una película de *Superman*. Y por último, a las once, *Música clásica*, concierto de Beethoven desde el Auditorio de la Comunidad de Madrid.

CULTURA

38 Ejercicio 1
El cómic es una mezcla de dibujo y escritura para contar una historia. Nace a finales del siglo diecinueve con mucho éxito por su sencillez técnica: para crear un cómic solo se necesita tener una historia, un lápiz y un papel en blanco para dibujar.
A diferencia del cómic, para hacer una película de dibujos animados hace falta un desarrollo tecnológico que se logra con el paso de los años. Las primeras películas de animación son mudas y en blanco y negro. En la sala de proyección una persona toca el piano y no hay otro sonido. El cine sonoro y el color llegan más tarde.
Una película de animación es un trabajo de equipo donde intervienen muchas personas. En el cómic, normalmente la persona que crea la historia es también dibujante, guionista, iluminador, maquillador, actor, decorador, etcétera.
Una de las películas de animación española es *Mortadelo y Filemón contra Jimmy el Cachondo* (2014). Es la tercera película protagonizada por Mortadelo y Filemón, la famosa pareja de detectives del cómic español, obra del conocido dibujante Francisco Ibáñez. Está hecha en animación, en 3D, y es ganadora de dos «Goyas», los premios de la Academia del Cine Español.

UNIDAD 4 **Comidas y bebidas**

VOCABULARIO

39 Ejercicio 1
pan, zumo, huevos, zanahorias, pasta, galletas, tomates, naranjas, atún, manzanas, filetes, plátanos, pollo, frutos secos, queso, jamón, yogur, calamares, leche

40 Ejercicio 4
PAQUI: ¿Qué compramos? ¿Quieres comer carne?
LUIS: No, a mí no me gusta la carne. Mejor, pasta.
PAQUI: ¿Con tomate?
LUIS: Sí, a mí me gusta la pasta con queso y tomate, como los italianos.

PAQUI: A mí me gusta más con verduras.
LUIS: ¿Tomamos fruta de postre?
PAQUI: Sí, yo quiero un plátano.
LUIS: Para mí, una manzana. Las manzanas son muy ricas y tienen muchas vitaminas.
PAQUI: ¿Y para beber?
LUIS: Yo quiero zumo de naranja.
PAQUI: Yo siempre como con agua.

COMUNICACIÓN

41 Ejercicio 1
En el comedor
PABLO: ¿Qué hay hoy de comer?
JORGE: Tenemos paella.
JULIA: ¿A ti te gusta, Graciela?
GRACIELA: Sí, me gusta mucho.
PABLO: ¿Jorge, quieres agua?
JORGE: Sí, gracias.
JULIA: ¿Me pasas el pan, por favor?
JORGE: Sí, toma.
PABLO: ¡Humm! ¡Qué rica! La paella es mi comida favorita.
JULIA: La mía es el arroz con tomate.
GRACIELA: Y la mía, la carne a la parrilla.
JORGE: Pues a mí no me gusta la carne; son más ricos los macarrones.
JULIA: De postre hay fruta o helado. ¿Queréis plátanos?
JORGE: No, gracias, mejor una manzana.
GRACIELA: Yo quiero un helado.
PABLO: Tengo una sorpresa para todos: ¡rosquillas del abuelo!

42 Ejercicio 7
- ¿Te gusta la paella?
- Sí, me gusta mucho. / No, no me gusta mucho.
- ¿Te gustan los plátanos?
- No, no me gustan nada.

<u>Pronunciación y ortografía</u>

43 Ejercicio 10
pera, naranja, hablar
perro, pizarra, arroz, Rosa, Ramón

44 Ejercicios 11 y 12
1 toro; **2** reloj; **3** rueda; **4** radio; **5** zanahorias; **6** jirafa; **7** macarrones; **8** compañera; **9** regla; **10** amarillo

DESTREZAS

45 Ejercicio 2
RAMÓN: A ver, Celia, ¿a ti qué te gusta?
CELIA: Bueno, a mí me gusta mucho el pollo, las patatas fritas, los macarrones...
RAMÓN: ¿Y la fruta, te gusta?
CELIA: Sí, pero no mucho. Como sobre todo plátanos y uvas.
RAMÓN: ¿Y el pescado?
CELIA: Umm... sí, el pescado sí me gusta. Lo que no me gustan nada son las verduras ni las ensaladas. Y tú, Ramón, ¿a ti qué te gusta comer?
RAMÓN: Pues yo como de todo: carne, patatas, pasta...
CELIA: ¿Y te gustan también las verduras?
RAMÓN: Sí, también. Y las ensaladas me encantan.
CELIA: ¿Qué fruta te gusta más?
RAMÓN: Pues... los plátanos.
CELIA: ¿Y el pescado?
RAMÓN: No, eso sí que no me gusta nada. Nunca como pescado.

UNIDAD 5 ¿Dónde están las llaves?

VOCABULARIO

46 Ejercicio 1
1 recibidor; **2** salón-comedor; **3** cocina; **4** cuarto de baño; **5** dormitorio; **6** terraza; **7** jardín

47 Ejercicio 2
1 [ronquidos]; **2** [ducha]; **3** [friendo huevos]; **4** [cubiertos]; **5** [pájaros]

48 Ejercicio 3
Comedor: mesa, lámpara, alfombra, silla, sillón, cuadro, televisión, sofá, teléfono. **Cocina:** fregadero, armario, lavadora, frigorífico, cocina. **Cuarto de baño:** espejo, lavabo, ducha, bañera. **Dormitorio:** cama, estantería, ordenador, radio, póster.

49 Ejercicio 8
hotel; albergue juvenil; crucero; casa rural; apartamento; caravana; *camping*; chalé con piscina; granja

50 Ejercicios 11 y 12
PADRE: ¡Pedro!, ¡Ana! Un momento por favor. Mamá y yo queremos hablar de nuestras vacaciones y buscar información en internet.
PEDRO: ¡Bien! ¿Podemos ir a Canadá?
MADRE: No, no podemos hacer un viaje fuera de Europa. Es muy caro.
ANA: ¡Mira qué granja tan bonita en Inglaterra!
PEDRO: Sí, me gusta mucho.
PADRE: Está muy bien. Tiene dos dormitorios, un baño y una cocina pequeña.
MADRE: Ya... pero ¿qué podemos hacer en una granja?
ANA: Bueno, pues podemos aprender a cultivar la tierra y a cuidar de los animales.
MADRE: Todo eso está muy bien, pero ¿qué os parece ir de *camping* al norte de España con nuestra tienda de campaña? A mí me gusta mucho Santander.
PADRE: Yo quiero ir a Escocia. Tiene unos campos de golf muy buenos; pero Santander también es una posibilidad.
PEDRO: Me parece muy buena idea. A mí me encanta el paisaje de la costa norte y, además, podemos hacer surf.
ANA: Yo estoy de acuerdo, pero prefiero no dormir en una tienda.
PADRE: ¡Mira! Aquí hay un hotel en Santander cerca de la playa y con buen precio. Además, incluye desayuno y cena.
ANA: Eso está mucho mejor.
PEDRO: Por mí estupendo.
MADRE: Pues si todos estamos de acuerdo, vamos de hotel.
PADRE: Muy bien, decidido. ¡Vamos a Santander!

GRAMÁTICA

51 Ejercicio 4
¡Mario, esta habitación es un desastre! Coloca cada cosa en su sitio antes de la cena: los libros encima de la mesa, para preparar la cartera; la chaqueta detrás de la puerta, en la percha; los zapatos al lado de la cama: luego los limpiamos. Ese coche, debajo de la mesa; siempre está por el medio. La pelota, delante de la cartera, que mañana tienes partido y cuando termines, a la ducha.

COMUNICACIÓN

52 Ejercicio 1
En casa del abuelo
ABUELO: ¡Hola, chicos!
JULIA: ¡Hola, abuelo! Mira, esta es nuestra amiga Graciela.
ABUELO: ¡Hola! ¿Qué tal?
GRACIELA: Bien, gracias.
PABLO: Abuelo, ¿dónde está mi madre?
ABUELO: Está arriba, en la cocina. ¿Queréis la merienda?
JORGE: Primero, vamos a enseñarle la casa a Graciela.
JULIA: Este es el salón. Todos los muebles son muy antiguos. Este baúl es de mi bisabuelo. La mesa y la lámpara son de una tienda de antigüedades.
GRACIELA: ¿Y este piano?
PABLO: Es el piano de la abuela. Julia y Jorge practican aquí todas las tardes.
JORGE: Vamos a ver el comedor.
LA MADRE DE JORGE: ¡Hola, chicos! ¿Queréis un vaso de leche?
PABLO: Sí, vale; y subimos a la habitación a jugar con el ordenador.
LA MADRE DE JORGE: De acuerdo. Yo subo la merienda a la terraza.
GRACIELA: ¡Qué casa más grande!
JULIA: ¿Cómo es tu casa de Buenos Aires?
GRACIELA: Vivimos en un departamento de cuatro habitaciones con un pequeño balcón. Vamos a mi casa y les enseño unas fotos... Pero... ¿dónde están mis llaves? ¡Ah! Están encima de la mesa de mi habitación.

53 Ejercicio 4
- ¿Dónde está mi madre?
- Está en la cocina.
- ¿Dónde están mis hermanos?
- Están en el colegio.

54 Ejercicio 6
- ¿Cómo es tu casa?
- Mi casa es grande y moderna.

Pronunciación y ortografía

55 Ejercicio 8
ja, je, ji, jo, ju / ge, gi

56 Ejercicio 9
julio; jugar; Japón; jirafa; jamón; giro; gema; rojo; jefe; página

DESTREZAS

57 Ejercicio 3
LUIS: Pedro, ¿tú vives en una casa o en un piso?
PEDRO: Yo vivo en un piso, cerca de la playa.
LUIS: ¿Es grande?, ¿cuántos dormitorios tiene?
PEDRO: Bueno, no es muy grande, tiene tres dormitorios, un salón-comedor, una cocina y un cuarto de baño.

LUIS: ¿Tienes terraza?
PEDRO: Sí, tengo una terraza con muchas plantas. Me gustan mucho las plantas. Además, desde la terraza veo la plaza.
LUIS: ¿Y tienes garaje o plaza de aparcamiento?
PEDRO: No. Mi padre aparca el coche en la calle.
LUIS: Elena, ¿tú vives en una casa o en un piso?
ELENA: Yo vivo en una casa de pueblo muy grande.
LUIS: ¿Grande? ¿Cuántos dormitorios tiene?
ELENA: Tiene cuatro dormitorios. Hay un salón-comedor, una cocina grande, y dos cuartos de baño.
LUIS: ¿Tienes terraza?
ELENA: Bueno, tenemos un patio con muchas plantas y un garaje para aparcar el coche.
PEDRO: Y tú Luis, ¿cómo es tu casa?
LUIS: Bueno, yo vivo en un chalé adosado en un pueblo a quince kilómetros de Valencia.
PEDRO: ¿Cuántos dormitorios tiene tu casa?
LUIS: Tiene cuatro dormitorios en la planta de arriba. Abajo hay un salón-comedor, una cocina y un baño. Arriba hay otro cuarto de baño.
PEDRO: ¿Tienes terraza o jardín?
LUIS: Sí, tenemos un jardín pequeño. También tenemos una cochera para aparcar el coche y la bicicleta.

UNIDAD 6 **¿A dónde vas?**

VOCABULARIO

58 Ejercicio 1

1 museo; **2** oficina de correos; **3** biblioteca; **4** parque; **5** farmacia; **6** polideportivo; **7** instituto; **8** estación de tren; **9** hotel; **10** iglesia; **11** librería; **12** supermercado; **13** cine; **14** restaurante

59 Ejercicios 7 y 8

LAURA: Juan, ¿dónde vas normalmente los sábados por la mañana?
JUAN: Siempre voy al polideportivo. Estoy en un equipo de baloncesto y jugamos todos los sábados.
LAURA: ¿Y va Ángel contigo?
JUAN: No, prefiere ir a la biblioteca. Le gusta hacer allí sus deberes.
LAURA: ¿Y Roberto? Yo sé que hace mucho deporte. ¿Va contigo al polideportivo?
JUAN: Solo algunas veces. Le gusta mucho correr y va al parque los sábados por la mañana.
LAURA: Y… ¿tú sabes qué hace Alba los sábados por la mañana?
JUAN: Bueno, ya sabes que le gusta mucho nadar y va al polideportivo dos o tres veces a la semana, pero el sábado no. ¿Sabes a dónde le gusta ir los sábados por la mañana?
LAURA: No tengo ni idea.
JUAN: Al Museo del Prado.
LAURA: ¿Y eso?
JUAN: Sus padre trabaja allí y va con él.
LAURA: Pero, ¿no trabaja en un instituto?
JUAN: No, su madre trabaja en un instituto.

60 Ejercicio 10

- Yo soy el médico del pueblo. Todas las mañanas voy al hospital. Algunos domingos también trabajo.
- Todos los clientes me pagan al hacer la compra, porque soy la cajera del supermercado. Siempre estoy sentada.
- Los sábados y los domingos trabajo como camarero en el restaurante del pueblo. Si quieres una buena paella, ven a verme.
- Soy profesora en el instituto del pueblo. Enseño español a mis alumnos.
- En otoño recojo las hojas de los árboles en el parque. Soy el jardinero y cuido de las plantas.
- ¿Te gusta leer? Si quieres un libro, yo te lo dejo. Soy la bibliotecaria y estoy todas las tardes en la biblioteca hasta las ocho y media.
- Los domingos la iglesia está siempre abierta. Yo soy el sacerdote y trabajo en ella.
- En mi librería tengo las últimas novedades. Yo soy la librera y vendo los libros a mis clientes.
- Soy el farmacéutico. Vendo las medicinas para los enfermos. Mi farmacia está abierta las veinticuatro horas.

GRAMÁTICA

61 Ejercicio 8

Primero: corta un tubo de cartón en tres trozos. Segundo: recorta tres círculos de plástico adhesivo. Tercero: pega cada círculo en uno de los extremos de cada tubo. Cuarto: pinta los tambores con los colores vivos. Y quinto: pégalos entre sí con cinta adhesiva. Ahora vamos a la plaza a bailar al ritmo del tambor.

COMUNICACIÓN

62 Ejercicio 1

¿A dónde vas?
GRACIELA: ¡Hola! ¿A dónde vas?
JORGE: Voy a la biblioteca. Necesito un libro para la clase de naturales. ¿Vienes conmigo?
GRACIELA: Bueno, pero… ¿a qué hora cierra?
JULIA: A las ocho y media.
PABLO: Tenemos tiempo. Vamos ahora mismo.

BIBLIOTECARIA: ¡Hola, chicos! Tengo un trabajo para vosotros: el próximo mes es la Fiesta Mayor y el ayuntamiento publica una revista sobre el pueblo. ¿Por qué no ayudáis?
JULIA: ¡Estupendo! ¿Qué hacemos?
BIBLIOTECARIA: Todo vale: entrevistas, reportajes, noticias… Un poco de imaginación y a trabajar.

JULIA: Yo necesito un cuaderno para las entrevistas.
JORGE: ¿Ah, sí? Hay una papelería en la calle Zapateros.
JULIA: ¿Sí? ¿Cuál?
PABLO: Sí, una que está al lado de la farmacia.
GRACIELA: ¿Cómo vamos, caminando o en bici?
JORGE: Mejor en bici. Yo voy a la oficina de correos y entrevisto al cartero. Pablo, ¿tú a dónde vas?
PABLO: Yo voy a la granja del tío Justo para fotografiar a sus animales.
JULIA: Nosotras vamos al polideportivo y a la pizzería nueva. Por cierto, ¿a qué hora abren?
JORGE: A las siete. Vamos ahora y nos llevamos una pizza para cenar.

63 Ejercicio 8

Pronunciación y ortografía

abuelo; vienes; vamos; bien; bueno; ven; vivimos; bebemos

DESTREZAS

64 Ejercicio 3

1 Dibuja un rectángulo, un triángulo, un cuadrado y un círculo en una hoja de papel.
2 Escribe el nombre de tu profesor o profesora dentro del rectángulo.
3 Dibuja dos casas dentro de un círculo.
4 Escribe el número cinco dentro del triángulo.
5 Dibuja un sol al lado del cuadrado.
6 Escribe la palabra «barrio» debajo del cuadrado.
7 Escribe tu nombre y tu apellido a la derecha del cuadrado.
8 Subraya tu apellido.

CULTURA

65 Ejercicio 1

Conoce los pueblos de España

Pedraza es un pueblo medieval, con casas de piedra y rodeado por una muralla. Está situado en una colina con preciosas vistas de la sierra. Pertenece a la provincia de Segovia y está a ciento veinticinco kilómetros de Madrid. Para ir a Pedraza necesitamos ir en coche o coger el autobús, porque no hay estación de tren.
En Pedraza no hay edificios nuevos. La mayoría de su arquitectura pertenece a los siglos dieciséis y diecisiete. En el pueblo hay varias tiendas de muebles antiguos. También hay varios hoteles pequeños. Es maravilloso pasear por el pueblo, disfrutar de la tranquilidad de sus calles, visitar su castillo con su museo de pintura, sus iglesias… Tiene una preciosa plaza mayor con bares y restaurantes, donde podemos comer cordero asado, el plato típico de la zona, conocido en toda España.
Durante el primer fin de semana del mes de julio sus habitantes celebran la Fiesta de las Velas. Todos los vecinos apagan las luces e iluminan las calles con velas. Durante estos días hay distintos conciertos de música clásica. ¡Es un pueblo muy especial para conocer la cultura rural del interior de España!

UNIDAD 7 **Hábitos**

VOCABULARIO

66 Ejercicio 1

enero, febrero, marzo, abril, mayo, junio, julio, agosto, septiembre, octubre, noviembre, diciembre

67 Ejercicio 4

En España hay muchas fiestas, pero las más importantes para nosotros son las siguientes: el día de Año Nuevo, que es el uno de enero. Luego viene el día de Reyes Magos, que es el seis de enero: por la noche los Reyes traen los regalos a los niños. Más tarde, en marzo, es el Día del Padre, exactamente el día diecinueve, cuando se celebra el día de San José. El Día de la Madre es el primer domingo de mayo. La Fiesta Nacional española se celebra el doce de octubre, que es cuando Cristóbal Colón llegó a América. Otra fiesta muy importante para nosotros los cristianos es la Navidad, que, como en todo el mundo, celebramos con nuestras familias el veinticinco de diciembre. Y para mí es importantísimo el día de mi cumpleaños, claro, que es el doce de diciembre. ¿Cuándo es tu cumpleaños?

68 Ejercicio 5
1 vaca; **2** oveja; **3** león; **4** elefante; **5** serpiente; **6** delfín; **7** gallina; **8** cerdo; **9** mono; **10** tiburón; **11** caballo.

69 Ejercicio 7
1 [vaca]; **2** [oveja]; **3** [cerdo]; **4** [gallina]

70 Ejercicio 8
Rayo acaba de nacer. Su madre, la yegua, lava al potro de los pies a la cabeza. Rayo se despierta y respira con más fuerza. Una hora después se pone de pie. ¡Qué largas y delgadas son sus patas!
El primer día, el potro duerme, mama y se vuelve a dormir.
Durante los primeros meses, el potro mama veinte litros de leche al día. También come un poco de hierba. Engorda un kilo cada día. Juega con su madre en la pradera.
Detrás de su simpática y tranquila mirada tal vez se esconde un futuro gran campeón.

COMUNICACIÓN

71 Ejercicio 1
¿A qué hora te levantas?
JORGE: Estamos con el tío Justo en su granja. Cuéntanos, ¿a qué hora te levantas?
JUSTO: Todos los días me levanto muy temprano, a las seis, para ordeñar las vacas. Después salgo al campo con el tractor. Llego a casa por la tarde.
PABLO: ¿A qué hora te acuestas?
JUSTO: Cuando llego a casa, riego el huerto y ceno. Después de cenar, veo la televisión y me acuesto.
JORGE: Gracias, Justo. Tu información es muy interesante para nuestros lectores.

JULIA: Estamos en la nueva pizzería. Con nosotros está Gofredo, el cocinero. ¿A qué hora abrís el restaurante?
GOFREDO: Yo vengo a las once de la mañana y preparo todos los ingredientes. Pero el restaurante no se abre hasta la una de la tarde.
GRACIELA: Y por la noche, ¿a qué hora volvés a tu casa?
GOFREDO: La cocina cierra a las once y media de la noche. Pero nosotros nos vamos más tarde. Por cierto... ¿os quedáis a comer?

72 Ejercicios 8 y 9
PERIODISTA: Algunos alumnos en España estudian en colegios internos. Hoy entrevistamos a Enrique, estudiante de secundaria, para que nos cuente su experiencia en su centro. Enrique, ¿puedes decirnos qué haces un día normal en tu escuela?
ENRIQUE: Claro. Nos levantamos a las siete menos cuarto y desayunamos entre las siete y ocho menos cuarto. Las clases son de ocho a cinco, con una hora para comer a las dos.
PERIODISTA: ¿Y qué haces después de las clases?
ENRIQUE: Al terminar las clases hacemos actividades deportivas o distintos talleres que son de cinco y media a siete. Luego tenemos tiempo de estudio, hasta las nueve, que es la hora de la cena.
PERIODISTA: Y tú, ¿qué actividades haces en tu escuela?
ENRIQUE: Pues, juego al futbol y al baloncesto. También voy al taller de música tres veces a la semana y además estoy en un grupo de teatro.
PERIODISTA: ¿Y no tienes tiempo libre?
ENRIQUE: Sí, tenemos un poco de tiempo libre después de la cena hasta las diez y media, que es la hora de acostarse.
PERIODISTA: ¿Y qué haces normalmente los fines de semana?
ENRIQUE: Tenemos clases los sábados por la mañana y por la tarde tenemos tiempo libre o actividades deportivas. A veces vamos al centro comercial o al cine.
PERIODISTA: Muchas gracias Enrique. Espero que esta entrevista aclare a otros estudiantes cómo es la vida en un internado.

Pronunciación y ortografía

73 Ejercicio 11
Mira, ¡un león! / ¡Vamos! / ¿A qué hora te levantas?

74 Ejercicios 12 y 13
1 ¿Qué comes? **2** ¡Qué grande es! **3** ¡Estupendo! **4** ¡Cierra la ventana! **5** ¿A dónde vas? **6** ¿Qué dice Luis?

DESTREZAS

75 Ejercicio 2
Budi, el orangután
Un orangután bebé llamado Budi, lucha por mantenerse con vida después de ser encerrado por una familia en un pueblo de Indonesia, en un gallinero, en una jaula para pollos, y alimentarse, durante diez meses, solo con leche condensada. Por este motivo, el pequeño orangután sufre malformaciones en sus huesos y sus extremidades están muy dañadas. Está muy débil, no es capaz de moverse y tiene anemia. Actualmente, tras su rescate y un largo viaje en barco hasta el Reino Unido, veterinarios de una organización británica están ayudando a Budi a recuperarse de los daños sufridos.
(Fuente: www.antena3.com)

CULTURA

76 Ejercicio 1
Un recorrido apasionante por los cinco continentes
El Zoo-Aquarium de Madrid es uno de los más interesantes del mundo: no solo por su extraordinaria colección de animales, sino por su labor educativa, investigadora y conservadora.
La educación es uno de los objetivos principales de todos los zoos y acuarios modernos, ya que ayudan a la sociedad a CONOCER, APRECIAR, RESPETAR y a ENTENDER la naturaleza. El Departamento de Educación del Zoo-Aquarium de Madrid tiene como objetivo concienciar y formar medioambientalmente a todos los que lo visitan y ofrece visitas adaptadas a todas las etapas y ciclos educativos: todas sus actividades están dirigidas por un educador medioambiental.
Descubriendo a los animales
El objetivo es que los estudiantes descubran la variedad del mundo animal, así como desarrollar en ellos valores de respeto y cuidado de la naturaleza.
Biodiversidad
Con esta actividad los alumnos toman conciencia de la diversidad de seres vivos que existe en nuestro planeta y aprenden la importancia de conservarla.
Conservación
Concienciar a los alumnos de la importancia de mantener una actitud respetuosa con la naturaleza. Ellos mismos identifican los problemas y encuentran las soluciones.
Ecosistemas
El objetivo es conocer los principales ecosistemas, sus características más importantes, así como los animales que habitan en ellos; también los cambios que la acción del hombre provoca en ellos.
Campamentos de Navidad / Semana Santa / verano
El departamento de Educación del Zoo-Aquarium de Madrid ofrece la posibilidad de divertirse aprendiendo durante las vacaciones escolares: Navidad, Semana Santa y verano. Una posibilidad única de tener un contacto directo con los animales, sus cuidadores y todo el personal del Zoo.

UNIDAD 8 **Descripciones**

VOCABULARIO

77 Ejercicio 1
cabeza; brazo; pecho; mano; estómago; dedos; pierna; pie; cuello; espalda

78 Ejercicio 2
1 pelo; **2** ojo; **3** oreja; **4** dientes; **5** boca; **6** muelas; **7** labios; **8** cara; **9** nariz

79 Ejercicio 5
Práctica del surf
El mar Cantábrico, en el norte de España, es un lugar ideal para la práctica del surf por la altura de sus olas y sus playas magníficas.
Los surfistas utilizan la energía de las olas para deslizarse sobre una tabla.
Las tablas de surf miden unos dos metros y pesan alrededor de tres kilos. El surfista lleva el pie atado a la tabla con una correa. Así, si se cae, no pierde la tabla.

COMUNICACIÓN

80 Ejercicio 1
¿Cómo es?
JULIA: Estamos en el polideportivo. Vamos a entrevistar a Pedro, que va a su clase de natación. Pedro, ¿cómo es tu profesor?
PEDRO: Mi profesor es joven, fuerte y alto. Tiene el pelo rubio y los ojos oscuros. Es muy simpático y hace la clase muy divertida.

GRACIELA: Yo estoy con Ana en su clase de kárate. Ana, contanos de tu profesora.
ANA: Mi profesora es baja y delgada, pero es muy fuerte. Es una persona un poco seria y sus clases son bastante duras.

JULIA: Ya tenemos la entrevista con los alumnos del polideportivo. ¿Y vosotros?
JORGE: Nosotros nos vamos al médico.
GRACIELA: ¿Van a hacer un reportaje en el hospital?
PABLO: No, vamos a la consulta del médico, porque creo que tengo la gripe.
GRACIELA: ¿Qué te duele?
PABLO: Me duele la cabeza y tengo fiebre. También me duelen las piernas.
JULIA: ¿Quieres una aspirina?
PABLO: No, gracias. Mejor voy al médico.

81 Ejercicio 7

Me llamo David y tengo doce años. Estudio en el colegio «Perú». Soy moreno y tengo los ojos negros. Mi hermano se llama Sergio. Tiene siete años y es el portero de su equipo de fútbol. Estudia también en mi colegio. Es rubio y tiene los ojos azules. Se parece mucho a mi madre, que se llama Maribel. También es rubia y tiene los ojos azules. Tiene treinta y ocho años, como mi padre, y trabaja con él en la misma oficina. Mi padre es moreno y tiene los ojos negros como yo.

Pronunciación y ortografía

82 Ejercicio 9

cuatro; casa; comer; queso; quiero

83 Ejercicio 12

1 cuando; **2** pequeño; **3** poco; **4** química; **5** quinientos; **6** simpática; **7** Ecuador; **8** calle

DESTREZAS

84 Ejercicio 2

MARTA: ¿Sabes que tenemos una profesora de Gimnasia nueva? Se llama Ana.
CELIA: ¿Ah, sí? Y ¿qué tal?, ¿cómo es?
MARTA: Bueno, parece simpática.
CELIA: No lo dices muy segura. ¿Es joven o mayor?
MARTA: Ni muy joven ni mayor, tiene unos cuarenta años.
CELIA: ¿Y es alta o baja?
MARTA: Pues... bastante alta y delgada.
CELIA: ¿Es rubia o morena? ¿Cómo tiene el pelo?
MARTA: ¡Cuántas preguntas! Es morena..., tiene el pelo largo, liso. Tiene la nariz un poco grande... ¿algo más?
CELIA: Sí, la última pregunta, ¿a ti te gusta?
MARTA: Sí, ya te he dicho que es simpática, pero a Juan no le gusta nada, ya sabes que siempre tiene problemas con los profes.

UNIDAD 9 **La ropa**

VOCABULARIO

85 Ejercicio 1

1 gorra; **2** sudadera; **3** cazadora; **4** vaqueros; **5** corbata; **6** chaqueta; **7** pantalones; **8** zapatos; **9** camisa; **10** jersey; **11** falda; **12** abrigo; **13** bufanda; **14** guantes; **15** chándal; **16** zapatillas deportivas

86 Ejercicio 4

Dependiente: ¡Buenos días! ¿Qué desea?
Cliente: ¡Buenos días! Quiero unos pantalones.
Dependiente: ¿De qué talla?
Cliente: Pues, no sé..., de la treinta y ocho o cuarenta.
Dependiente: ¿De qué color los quiere?
Cliente: ¿Puedo probarme los azules y los negros?
Dependiente: Sí, claro; allí están los probadores.
(...)
Dependiente: ¿Qué tal?
Cliente: Muy bien, me llevo los negros.
Dependiente: ¿Desea algo más?
Cliente: Sí, quiero una camisa como la del escaparate. ¿Qué precio tiene?
Dependiente: Esa vale treinta y cinco euros.
Cliente: Muy bien, me llevo las dos cosas.

87 Ejercicio 7

Marta hoy lleva unos vaqueros negros, un abrigo verde, una bufanda roja y un gorro rosa. A Luis le gustan los pantalones vaqueros y las camisas de cuadros. Celia, por su parte, lleva una falda negra, un jersey rosa y unas botas altas negras. Por último, Juanma hoy lleva una camisa naranja, unos vaqueros y unas zapatillas negras.

COMUNICACIÓN

88 Ejercicio 1

Las fiestas del pueblo

JULIA: Bueno, chicos, ¡esta tarde es el gran día! Empiezan las fiestas del pueblo.
JORGE: ¿Y dónde quedamos nosotros?
JULIA: En la plaza del ayuntamiento. Allí van a repartir la revista.
PABLO: ¿A qué hora quedamos?
JULIA: A las ocho, ¿no?
GRACIELA: Bueno, nos vemos allá.

GRACIELA: ¡Qué linda pollera!
JULIA: ¿Te gusta?
GRACIELA: Es bárbara. Mirá mis pantalones. ¿Te gustan?
JULIA: Son preciosos. ¿Dónde están Jorge y Pablo? Vamos a buscarlos.

LA MADRE DE JORGE Y PABLO: ¿Con quién fuisteis ayer al baile?
PABLO: Fuimos con los compañeros de clase.
LA MADRE DE JORGE Y PABLO: Y después, ¿dónde estuvisteis?
JORGE: Estuvimos en la feria y después fuimos a tomar chocolate con churros.
PABLO: ¡Mira, mamá! Esta es la revista.
LA MADRE DE JORGE Y PABLO: ¡Ah, gracias! ¡Qué bonita!
JORGE: Es muy interesante. Trae un montón de noticias sobre la gente del pueblo.
LA MADRE DE JORGE Y PABLO: ¡Estupendo! Voy a leerla. Y, ¿cuándo sale el próximo número?
PABLO Y JORGE: ¡Mamá...!

Pronunciación y ortografía

89 Ejercicio 7

horrible; sábado; música; lección; catedral; examen; avión; comer; café; estás; ventana; libro; película; periódico; lápiz

DESTREZAS

90 Ejercicio 3

Ayer estuve en Segovia con mi amiga Carmen y sus padres. Segovia es una ciudad con mucha historia. Primero fuimos a ver el Acueducto. Es una de las construcciones romanas más antiguas y mejor conservadas de España. Después, fuimos al Alcázar, preciosa fortaleza medieval. Luego, estuvimos en una terraza de la Plaza Mayor tomando un aperitivo. Por último, nos fuimos a Madrid después de un día maravilloso.

CULTURA

91 Ejercicio 2

Trajes regionales de España

Son muchos y muy variados los trajes regionales que hay en las distintas comunidades españolas. Aquí aparecen tres de los más conocidos internacionalmente.

A

El traje inicialmente utilizado por las mujeres gitanas es actualmente el traje típico andaluz y lo utilizan para acudir a las ferias que se celebran en muchas localidades de Andalucía y, particularmente, en la Feria de Abril de Sevilla, en la Feria de Jerez o en el Rocío, donde su vestido se considera imprescindible y es utilizado por mucha gente.
Las mujeres visten trajes largos y pelo decorado con una flor, y los hombres chaqueta corta, además de pañuelos o sombreros en la cabeza.

B

En las fiestas de San Fermín lo tradicional es ir vestido con el traje de pamplonica, es decir, hombres y mujeres con camisa blanca, pantalón o falda del mismo color, y con la faja y el pañuelo de fiestas de color rojo. En estas fechas casi todo el mundo viste de esta manera. La sencillez de este atuendo festivo hace que, tanto lugareños, como gente de fuera lo utilicen, creando verdaderas mareas humanas de blanco y rojo.

C

El traje regional de la Comunidad Valenciana está muy presente en sus festividades y actos folclóricos, especialmente durante las Fiestas de las Fallas. Este es un traje muy vistoso y colorido, en el caso de las mujeres, en el que también tiene mucha importancia el peinado, que es muy elaborado.
El traje típico de fallera lleva una camisa de lino decorada con bordados a mano y una falda larga igualmente adornada.

Primera edición, 2016
Septima edición, 2020

Produce: SGEL – Educación
Avda. Valdelaparra, 29
28108 Alcobendas (Madrid)

Dirección editorial: Javier Lahuerta
Coordinación editorial: Jaime Corpas
Edición: Yolanda Prieto
Corrección: Ana Sánchez

Diseño de cubierta: Ignacio Rodero Sardinero
Fotografías de cubierta: Diego Lezama
Diseño de interior y maquetación: Verónica Sosa

Ilustraciones: ÁNGELES PEINADOR: pág. 13 (ej. 8), pág. 14 (ej. 7), pág. 16 (ej. 1), pág. 26, pág. 36 (ej. 1), pág. 42 (ej. 3), pág. 45 (ej. 5), pág. 46 (ej. 1), pág. 52, pág. 54, pág. 55, pág. 56, pág. 60, pág. 62, pág. 63 (ej. 5), pág. 65 (ej. 8), pág. 66, pág. 67 (ej. 7), pág. 74, pág. 76, pág. 77 (ej. 6), pág. 80, pág. 83 (ej. 7), pág. 86, pág. 87, pág. 90, pág. 92, pág. 96, pág. 100, pág. 113 (ej. 1), pág. 116 (ej. 1) . SAETA HERNANDO: págs. 106-107. INGIMAGE: pág. 19. SHUTTERSTOCK: pág. 8 (ej. 1 foto l), pág. 9, pág. 10, pág. 12 (ej. 1 imagen g), pág. 13 (ej. 9), pág. 18 (ej. 2), pág. 20 (ej. 5 imagen 5), pág. 22, pág. 23, pág. 30 (ej. 5), pág. 36 (ej. 5), pág. 37 (ej. 6), pág. 38 (ej. 3), pág. 40 (ej. 5), pág. 43 (ej. 6), pág. 48 (ej. 3), pág. 58 (ej. 5), pág. 67 (ej. 6), pág. 68 (ej. 3), pág. 69 (mapa Castilla y León), pág. 82 (ej. 4), pág. 108 (ej. 1 imagen 5), pág. 109 (ej. 1)

Fotografías: CORBIS IMAGES: pág. 39 (foto niño). CORDON PRESS: pág. 33 (ej. 9), pág. 65 (ej. 6). DREAMSTIME: pág. 39 (foto de Francisco Ibáñez). GETTY IMAGES: pág. 17 (ej. 8), pág. 70 (ej. 6), pág. 75, pág. 93 (ej. 7), págs. 102-103. INGIMAGE: pág. 13 (ej. 10), pág. 14 (ej. 4 foto leona), pág. 18 (ej. 1 foto Luis), pág. 48 (ej. 1), pág. 73 (ej. 5 foto 5). SHUTTERSTOCK: Resto de fotografías, de las cuales, solo para uso de contenido editorial: pág. 8 ej. 1 foto a (goran cakmazovic / Shutterstock.com), foto b (lev radin / Shutterstock.com), foto d (Brendan Howard / Shutterstock.com), foto e (Ververidis Vasilis / Shutterstock.com), foto m (Iakov Filimonov / Shutterstock.com), foto ñ (DDCoral / Shutterstock.com), foto o (criben / Shutterstock.com); pág. 10 ej. 5 fotos de Shakira (Featureflash / Shutterstock.com), Antonio Banderas (Helga Esteb / Shutterstock.com), Leo Messi (Marcos Mesa San Wordley / Shutterstock.com), Rafa Nadal (lev radin / Shutterstock.com), Gwyneth Paltrow (DFree / Shutterstock.com) y Viggo Mortensen (Featureflash / Shutterstock.com); pág. 21 (Ken Durden / Shutterstock.com); pág. 27 ej. 10 foto 2 (somdul / Shutterstock.com); pág. 57 ej. 5 fotos 2 (ID1974 / Shutterstock.com) y 7 (Anton_Ivanov / Shutterstock.com) y ej. 7 foto 1 (Vorm in Beeld / Shutterstock.com); pág. 69 foto A (cyfuss / Shutterstock.com), pág. 70 ej. 3 foto 1 (Anton_Ivanov / Shutterstock.com); pág. 83 ej. 5 (Marco Govel / Shutterstock.com); pág. 85 (nito / Shutterstock.com); pág. 88 ej. 3 fotos 1 (DFree / Shutterstock.com), 2 (Everett Collection / Shutterstock.com), 3 (Jaguar PS / Shutterstock.com), 4 (vipflash / Shutterstock.com) y 5 (Helga Esteb / Shutterstock.com); pág. 89 (Mana Photo / Shutterstock.com); pág. 94 foto de Madrid (Pavel L Photo and Video / Shutterstock.com); pág. 97 ej. 4 foto 1 (Joseph Sohm / Shutterstock.com); pág. 99 fotos A (Kiko Jimenez / Shutterstock.com), B (Migel / Shutterstock.com) y C (Pecold / Shutterstock.com)

Para cumplir con la función educativa del libro se han empleado algunas imágenes procedentes de internet

Audio: Cargo Music

ISBN: 978-84-9778-907-3 (edición internacional)
978-84-9778-935-6 (edición Brasil)

Depósito legal: M-11313-2016
Printed in Spain – Impreso en España
Impresión: Gómez Aparicio Grupo Gráfico